紅沙龍

Try not to become a man of success but rather to become a man of value.
～Albert Einstein (1879 - 1955)

毋須做成功之士，寧做有價值的人。—— 科學家　亞伯・愛因斯坦

三場大病過後的改變

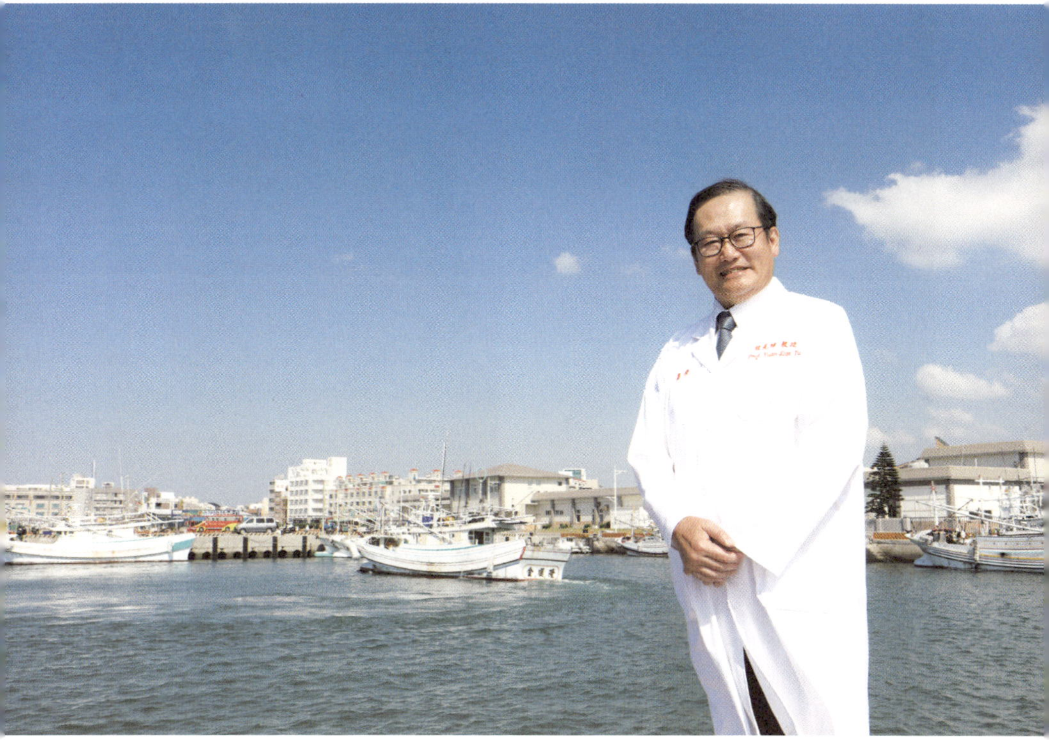

昔日的離島狂醫，儘管外表身形明顯改變，但對於醫學的堅持與對病人的承諾，依舊初心不退。（照片提供：商周圖庫）

杜氏父子的醫學夢

杜氏父子難得合影，杜泳逸頗有乃父之風，臺大醫學院畢業後負笈美國進一步深造。杜元坤期待，有一天能和兒子共同獲得諾貝爾醫學獎。

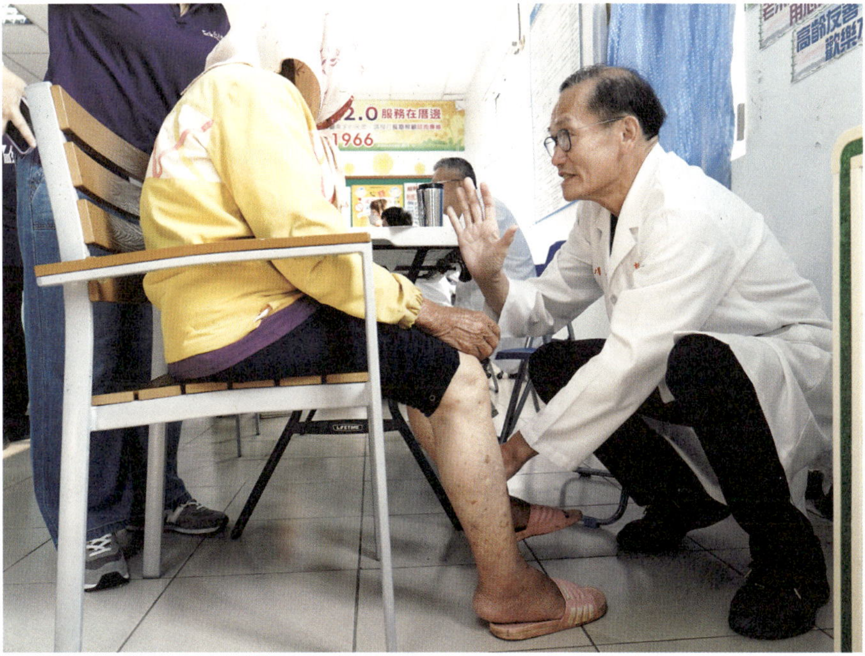

①

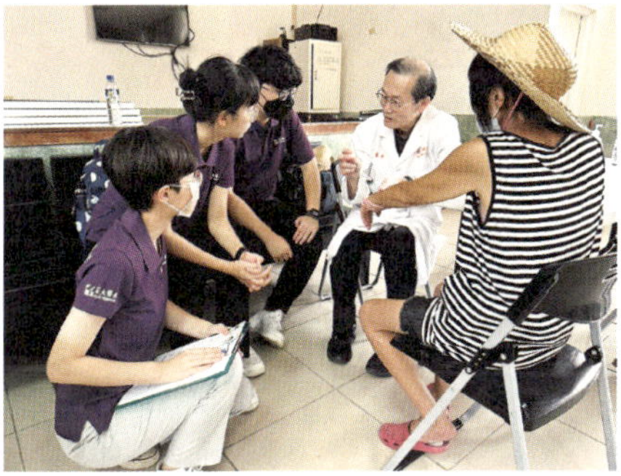

③

②

每月一會的「候鳥醫師」

①「是澎湖人教我如何當個醫師」，在醫療資源有限的地方，杜元坤總是先「望聞問切」，甚至會蹲下來親手檢查病人的腳痛。

②③ 義大醫院的澎湖義診團隊陣容龐大，還包括公費生與外籍住院醫師，共同學習當身處二、三級離島時候，醫師如何運用手上的資源與經驗，正確診治第一線病人的需求與疾患。

獨樂樂，不若與眾樂樂

從小習琴的杜元坤，總在夜深人靜時，獨自透過琴音抒發情緒。如今他與澎湖的音樂教育結合，一起上台奏出不同的彩色人生樂曲。（照片提供：商周圖庫）

②

①

④

③

①② 獲頒澎湖縣政府榮譽縣民的「候鳥醫師」杜元坤，義診之餘，2023 年還舉辦「杜元坤醫師感恩音樂會」，與在地音樂團隊與合唱團同台。更邀請義大醫院志工鍾慧鈴、病友李祐臣共襄盛舉，以小提琴、鋼琴和大提琴共同演出三重奏。

③④ 2024 年「愛在澎湖，義心仁醫」活動，杜元坤再次登上澎湖縣演藝廳，讓樂聲悠揚，也當場頒贈 17 位學生獎學金，希望透過「澎湖縣音樂專業人才培育獎助計畫」鼓勵更多澎湖學子學習音樂。

深耕離島，把愛傳出去

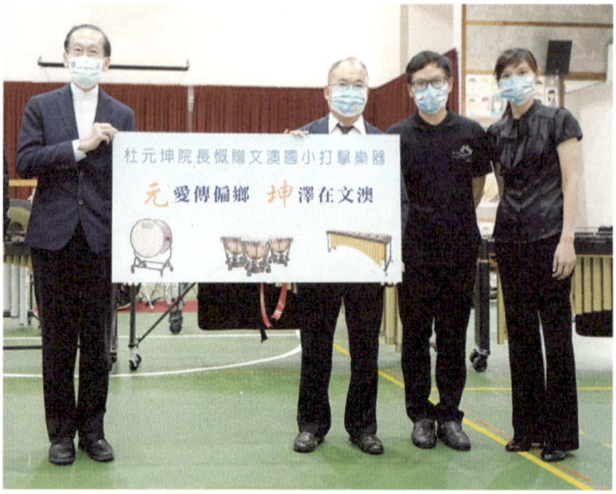

②

①

④

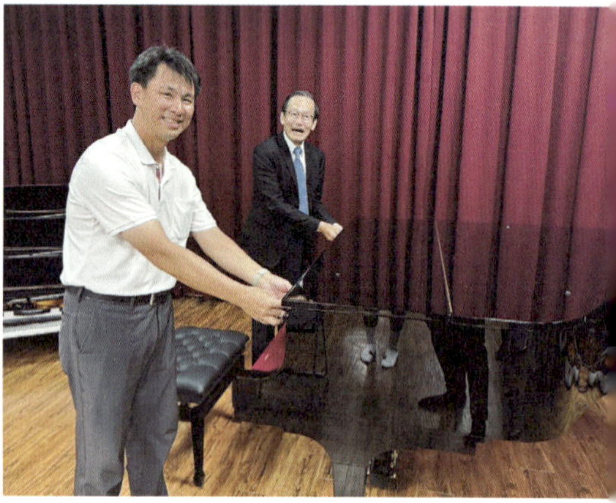

③

①② 文澳國小設有澎湖縣第一個國小打擊樂團，自2011年成立至今，杜元坤捐贈一批打擊樂器協助汰換，包括52鍵馬林巴木琴、40吋室內大鼓與26、29及32吋定音鼓等，鼓勵同學們能快樂學習，再造佳績。圖①右二為文澳國小校長方南芳。

③④「人的魅力在於心靈之美，而心靈之美在於行善。」馬公國小校長王文瑞（圖③左）表示，馬公國小音樂班自1990年成立以來，是澎湖縣「音樂與表演藝術」重要人才搖籃，而杜元坤的慷慨捐贈無異為基層音樂教育注入強心針。其中，包括一座平台鋼琴還等到杜元坤親臨才「開光使用」。

①

②

① 對醫學一絲不苟的杜元坤，也曾化身「杜爺爺」，到吉貝離島教會講述自己小時候的調皮故事，生動內容與親切互動，讓現場笑語不斷。

② 杜元坤（左）早年曾於澎湖惠民醫院進行義診，有感於院方對當地長照的貢獻與努力，遂於「風沙中的愛-澎湖惠民醫院重建公益音樂會」上公開捐款200萬元。（右為時任天主教靈醫會菲律賓省會長艾德華神父）

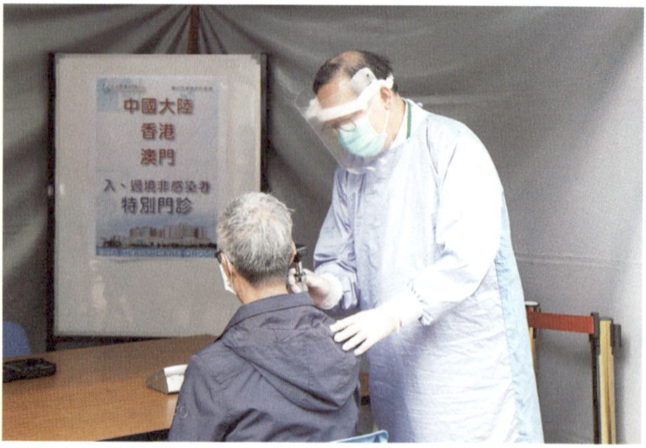

①

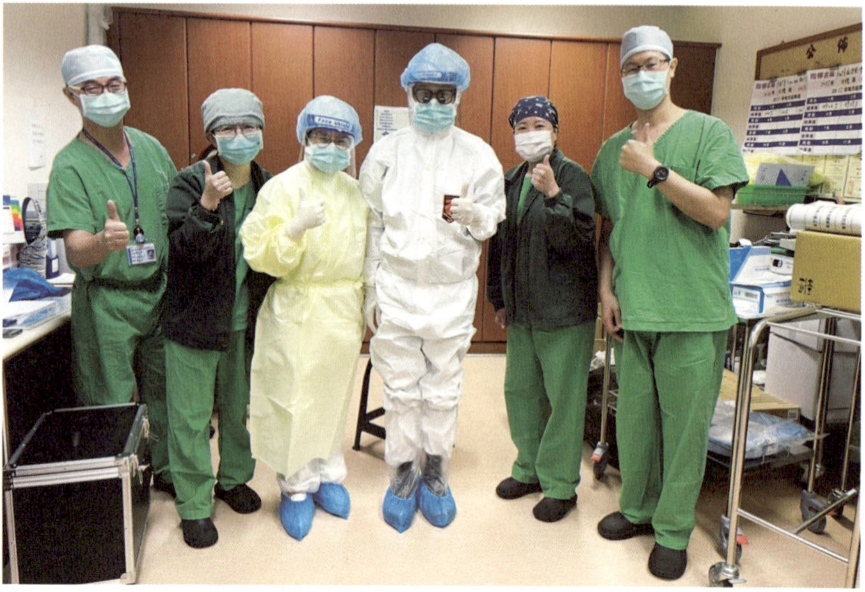

②

疫情當前，全副武裝上陣

① 全球面臨COVID-19大疫，當台灣確診人數飆升、急診超載之際，醫院紛紛成立快篩站，「住院院長」杜元坤親自補位「支援前線」，為前來求診的病人進行快篩，力挺第一線的急診醫護。

② 防護衣、口罩、防護面罩和手套，從頭到腳全套兔子裝上身。杜元坤（右三）坦言，即使在十多度的手術室，依然悶熱難受，但是為了服務需要開刀的病人，醫護們還是全力以赴。

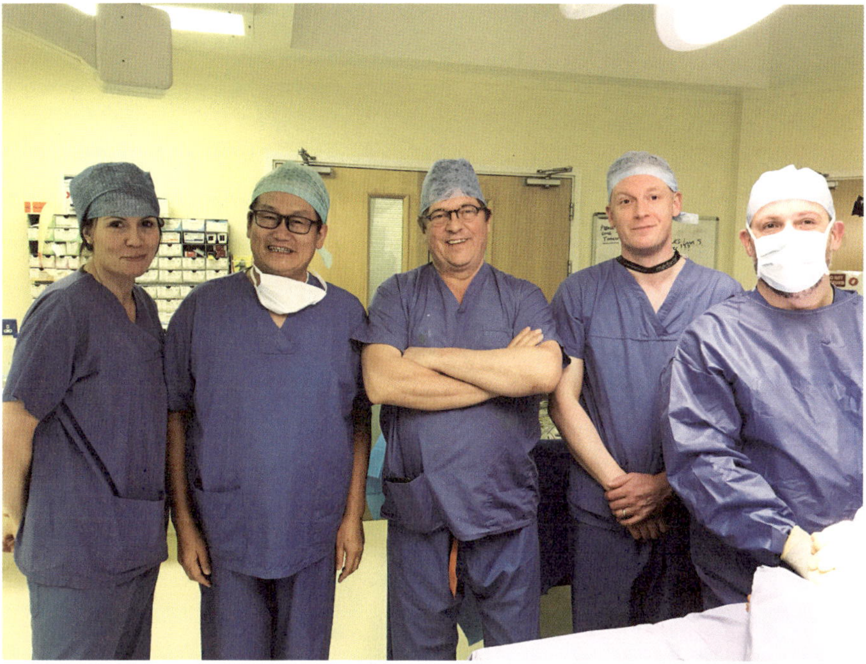

①

②

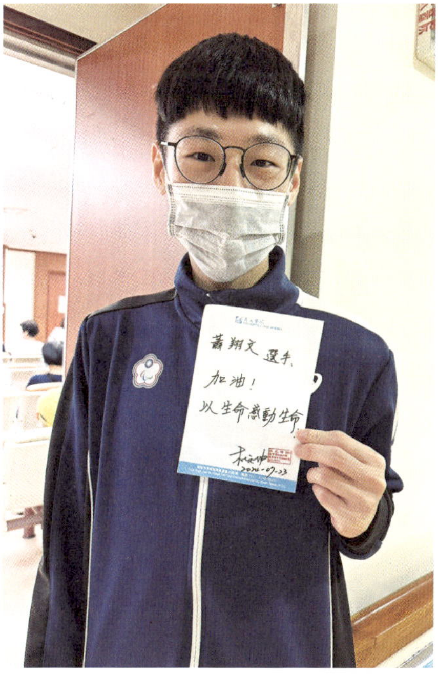

醫人治心，以生命感動生命

① 英國里茲大學教學醫院曾邀請杜元坤（左二）前往為一位受傷的女教授開刀，他除了展現精湛醫術，也應邀進行校內演講「杜氏刀法」，讓當地醫護大開眼界。（圖為術後與醫療團隊合影）

② 帕運跆拳道選手蕭翔文是杜元坤的病人，出國比賽前的回診，杜元坤親筆寫下鼓勵話語，蕭翔文的表現也果然不負眾望。

樂分享，活躍國際醫學舞台

①

③

②

① 2023年第42屆韓國微創手術學會秋季學術大會，杜元坤應邀進行臂神經叢（Brachial Plexus Injury，BPI）醫學演講。

② 2023年亞太骨科醫學會（APOA HULS 2023）大會於首爾舉行，杜元坤也受邀演講。

③ 2024年亞太手外科年會（APWA 2024）在台北榮總舉辦，義大醫院院長杜元坤（前排中）與30年的好友梅約醫學中心教授亞歷山大・申（前排左二）難得聚首，談起醫療大未來，兩人不約而同看好細胞再生醫學領域。

捐半薪，樂善好施獲肯定

①

③

②

① 杜元坤榮獲由港澳台灣慈善基金會主辦第16屆・2021年「愛心獎」，獲頒16萬美元獎金，他表示所有獎金會全額投入公益。同屆獲獎人還有慈濟證嚴法師。

② 杜元坤提供陽明交通大學1000萬元的「杜元坤工程生物獎學金」，助攻工程生物技術為再生醫學開發新的治療方法，也希望為台灣培養出更多優秀的再生醫學人才。

③ COVID-19期間，屏東出現全台灣Delta變種病毒第一例確診病例及群聚感染案，屏東枋寮醫院緊急暫停急門診，杜元坤（左五）立刻自掏腰包，捐贈來自日本的負壓隔離艙。

②

①

④

③

跨界運動、管理成績斐然

①「111 年國民體育日全國基層體育有功團體及個人表揚」會上，長期支持橄欖球活動、補助學校橄欖球隊教練津貼及訓練器材設備的杜元坤（右），獲頒「終身成就獎」。

② 2022 年，杜元坤獲頒中華民國管理科學學會「李國鼎管理獎章」，此獎章係以獎勵對從事管理教育、管理科學技術有卓越貢獻之社會賢達人士，也是對於他在醫院管理上的肯定。

③ 杜元坤帶領義大醫療團對積極投入偏鄉醫療服務，實現「醫療在地化政策」，於2024年榮頒衛福部「二等衛生福利專業獎章」。

④ 2022 年，杜元坤榮獲由財團法人公益傳播基金會所頒發第四屆台灣義行獎。

①

②

辦球賽，躋身橄欖球企聯之父

③

①② 六年前的杜元坤身材壯碩，馳騁球場。如今身形清瘦，但他對橄欖球的熱愛有增無減，除了親自上場，更成立運動文創公司擔任董事長，並舉辦橄欖球企業聯賽。

③ 杜元坤把元坤隊每個球員都視為自己孩子般照顧，除了生活、教育，也為他們規劃未來出路。

①

②

④

③

① 2023年元坤盃於臺北田徑場舉辦，杜元坤開場致詞勉勵，期待讓更多人認識橄欖球活動。（照片提供：商周圖庫）

② 在元坤盃比賽中，橄欖球OB們也會同場競技，為年輕球員們展現真正的「橄欖球精神」。

③④ 2023、2024年在台北田徑場舉辦的元坤盃賽事，鄰近道路都可見旗幟飄揚，大大的代言人照片，總讓許多的行人駐足觀看。

②

①

③

① 矗立在臺南市橄欖球場外的黃茂卿紀念碑，碑上清楚載明，這位日本京城齒科醫學士，領導臺南市橄欖球 35 年，不分世代的球員與球迷們都尊稱他「茂卿兄」。

② 長榮中學是南部橄欖球強隊，在校慶時特別舉辦橄欖球賽事。杜元坤與OB球友們力挺，他在賽後於音樂館前留影，是他熱愛音樂與運動的斜槓人生寫照。

③ 杜元坤全力扶植母校臺南一中橄欖球隊不遺餘力，期待能夠恢復往日榮光。

①

②

① 2023 年日本拓殖大學首次來台參加元坤盃賽事，隔年再次來台交流，連續兩年抱走冠軍大獎。

② 2024 年第五屆元坤盃越來越具規模與國際化，此次與賽 20 支隊伍中，囊括來自日本、新加坡與韓國 7 支外國隊伍報名參賽，其中日本關西大學、拓殖大學與天理大學三強參賽，更吸引日本媒體來台訪問。

（以上照片提供：杜元坤、元坤運動文創有限公司）

初心不退——活出生命的影響力

杜元坤——著

吳佳晉——採訪撰文

Turn the scientific myth to reality.

我要把我的人生投入鑽研科學的夢，

再把這個夢變成現實。

——居禮夫人（瑪麗．居禮）——

這句話也是我奉為畢生從事醫療志業的圭臬：

我要把我的人生投入鑽研「醫學難治之症的夢」，

再把這個夢變成現實。

——義大醫院院長杜元坤——

目次　初心不退——活出生命的影響力

第2部

給沒有希望的人希望　077

第3部

從我變成我們 169

推薦序——初心不退，勇敢向前

吳麥斯／臺北醫學大學校長

《初心不退——活出生命的影響力》這本書，記錄了杜元坤院長與他的團隊，這些年來在醫學、音樂、體育、教育、慈善、科學等多個領域的努力與成就。也是一段關於本心、堅持與奉獻的故事。

認識杜元坤，是在學生時代。說實話，第一次見到他，真沒想到這個人日後會這麼「猛」。住院醫師時，我倆是室友，他就是那種比你聰明，還比你更努力的人，讓人不得不佩服。每天早上他總是比我早起床，快速進入醫院工作，晚上別人躺平休息了，他還在開刀房夜戰，彷彿精力無限。有時候我看他忙成那樣，忍不住問：「忙什麼？」他總是笑笑說：「再多學一點，病人就多一點希望啊！」這句話簡單卻充滿力量，也讓我看到他對照護他人的執著與拚勁。

書中〈我想要活久一點〉部分，他以自身經歷為起點，坦率的分享了當醫師變成病人時的心境與體悟。從生死交關的邊緣走過，他更加珍惜生命，也對醫學有了更深刻的理解與反思。這些篇章不僅揭示了他生命中的挑戰與掙扎，也讓我們看到，正因他曾站在生命的邊緣，才更懂得如何幫助別人，並以自身經驗鼓舞更多的人。

〈給沒有希望的人希望〉那一段，特別觸動人心。他常說：「從醫是世界上最快樂的工作。」這句話，深刻的表達了他對醫療的熱愛，也貫穿了他的一生。正是這份對醫學的熱情，推動著他在再生醫學、外泌體、ＡＩ醫療等前沿領域不斷探索，為無數病人點亮了希望的曙光。

尤其是他獨創的「杜氏刀法」，為許多被醫療放棄的病人帶來了重新站起來的機會，讓他們找回了對生命的信心。杜院長深知，作為醫師，最大的使命便是走進病人的內心，感同身受他們的痛苦，並全力以赴幫助他們擺脫疾病的折磨。杜院長與他的團隊始終秉持著「只要病人還有一線希望，我們就不能放棄」的信念，這份對病人的理解與慈悲，正是杜院長最溫暖且最動人的地方。對他來說，醫療不僅是技術的精進，更是一份對生命的承諾與守護。每一次的努力，都是對這份信念的堅守，並讓他在這條充滿挑戰的道路上，感受到無比的喜悅和滿足。

最後〈從我變成我們〉，則是杜院長人格魅力的最佳實踐。他不僅是一位優秀的醫師，更是一個無私奉獻的行動家。從多年不間斷的澎湖義診，到推動橄欖球運動、支持年輕人圓夢，他總是以身作則，將個人的努力轉化為團隊的力量。他相信，當一群人攜手朝著同一個目標前進時，能創造更大的改變。書中分享的故事，不僅是他個人的光芒，也呈現團隊如何互相扶持、共創善舉的過程。

在我眼中，杜院長不僅是一位卓越的醫者，更是一個內心柔軟且對人充滿溫情的人。他總是以真摯的心意關懷著每一位病人，無論是手術台上的精湛技藝，還是病房裡的溫言關切，都讓人感受到他對生命的尊重與敬畏。他常說，醫者不僅要治病，更要治心。這份理念體現在他對社會各個層面的付出。無論是突破醫療技術的限制，還是投身公益活動，他總是默默耕耘，不求回報。他深信，從「我」到「我們」的轉變，能夠讓世界變得更好，這份信念始終指引著他的人生方向。

《初心不退——活出生命的影響力》是對杜元坤院長生命故事最真摯而動人的詮釋。回想這些年，我們一起經歷的種種時刻，杜醫師的人格魅力始終深深影響著我。他總是保持那份純粹與熱忱，對世界懷抱愛與責任感。這本書讓我更加理解他不輕言放棄的勇氣與初心，也讓我反思，如何在自己的生命旅程中，堅守信念，活出無悔的精彩。我由衷推薦這本書給每一位正在努力前行的人，願這本書能為你帶來力量，讓我們在各自的道路上，初心不退，勇敢向前。

推薦序——善用其心，功德勝妙

林肇堂／義大醫療決策委員會副主任委員、兼任義大醫院學術副院長

乙巳仲春，商業周刊出版部為「離島狂醫」杜元坤院長採訪撰文的新書《初心不退——活出生命的影響力》即將付梓。二月底，杜院長上傳該書目錄及全文電子檔給我，希望我笑看他口述的這本「狂人日誌」並代為之序。

我在兩天之內「狂Ｋ」了全書後，胸中也真有不吐不快的想法要跟讀者分享，希望作者這樣的「狂性、狂事、狂法」能被更多的普羅大眾看見、聽到，並感染到其中難能可貴之處；因全書訪談的三部曲，正是以上述這三個視角來呈現杜院長發揮天賦異秉、立己立人的不世之功的，故欣然應允。

第一部〈我想要活久一點〉讓我看到被「狂性」上身的院長有以下五「狂」：一、他寧

可自己飽受病苦，仍急人之難；即便在生死交關時刻，卻有行醫者的使命之狂。二、他濟世的初心是源自祖上積善的餘慶，故一出道就能有月捨半薪、行善三十餘年，始終不輟的自信之狂。三、他直面父親身後留下的高額債務，能在十二年間一肩扛起還債重任，有竭力報恩盡孝的人子之狂。四、他對一生貴人能知恩圖報；對曾詆毀打擊他的人能以德報怨，有越挫越勇，誓為他人生命中貴人的轉念之狂。五、當台大醫科畢業的兒子能克紹箕裘，卻不想執刀於手術房，而選擇出國做最前沿的科研時，他除了尊重成全外，也要兒子以他為榮，更許願今生父子能雙雙榮獲諾貝爾獎，再一起豪捐獎金以利人——這是他以最自豪的「行善之狂」給兒子示範的身教！

第二部〈給沒有希望的人希望〉讓我見識到，回春妙手杜氏刀法獨步全球的與眾不同之處——他歡迎全球各地好手「突破杜元坤障礙」，有不怕被踢館的武林高手之狂；他這雙全世界開刀最快、最溫暖的手有想帶給全球病患重獲希望、信心、尊嚴的仁心仁術之狂！因為想「與病人共揹病痛十字架，一起負重前行」的杜醫生深知：人類與病魔之戰從未贏過，所以除了治病之外更要治心！關於這點，我和內人都曾分別因肩傷和腳傷，被杜醫師的快刀手術立即解除病痛，也因聽從他術後要認真復健的溫馨叮嚀而迅速康復。

因此我揣測：自稱是「台灣醫界賈伯斯」，一心要「改變醫界、改變世界」的他，那些積累多年所研發的外泌體、滴血檢驗製藥、再生醫學新「膝」望、顯微重建術、神經繞道術……等諸多瘋狂無比的創新與發明，一定是被他「與神同行」的使徒天命所啟迪的吧，因為他絕對不愧為「天選之人」！

此外，在這部曲中，也處處流淌着「愛人者人恆愛之」的清涼樂章，因每位受惠於杜氏刀法而重生的病患，及被杜院長不吝指導過的各方外科好手們，個個無不感恩戴德、愛敬存心。這讓幽默的院長開心的相信：「以後升天了，應該耶穌可以留一個地方，讓我喝咖啡！」

第三部〈從我變成我們〉讓我聽到「成功不在贏過多少人，而是幫助過多少人」、「高調行善是為了誘導他人一起走！」「因為生病了，才知道有多少人需要我，故我們要及時行善」、「我們靠獲取維持生活，但靠付出開創人生」、「我看的風景，永遠是病人的笑容」、「在醫療上是使命，不是責任」……等杜氏金句，明白如今的杜院長寧當享受犧牲的破風狂，讓子弟兵們青出於藍、更勝於藍；他想感染更多人一起來幫助更多人改寫生命的樂章；他不為名利，只要影響力；他要薪傳這種堅持行善的快樂和精神給後來者，當個「初心不退狂」！

當我讀完本書第二遍，正咀嚼著杜院長「功德伴傳奇，典範在夙昔」這十字他定義自己一生的箴言時，腦中忽然浮現「若諸菩薩，善用其心，則獲一切勝妙功德」這句《華嚴經》「淨行品」的名言。這是文殊菩薩教覺醒的修行人要善用內心的光明，以慈悲及與覺悟相應的善願，令眾生也皆能用這樣的正能量來安頓自心，如此一來，必能獲得覺行勝妙的殊勝功德。於是，我隨即以它為題，完成了這篇序文。此時，我的熱血是沸騰的，我也深信有緣讀到此書的你，一定會和我一樣深受感動！

推薦序——初心不退，創造真正的生命價值

廖財固／國立臺南第一高級中學校長

還記得二〇二四年十一月二十七日這一天，杜元坤院長重回母校臺南第一高級中學（以下簡稱臺南一中），踏上國際會議廳講台，以《奔跑不息的醫者之路》為題，娓娓道來他的醫療人生時，爆滿的會場瀰漫著溫馨的氛圍，我很開心看到孩子們流露出既專注又溫柔的眼神。或許，他們的心裡也很久很久沒有這麼感動了。這場講座不僅是對AI時代醫學創新的深刻探索，更是一場充滿人文關懷與奮鬥精神的心靈震撼。杜院長以豐富的臨床經驗、先進的臂神經叢手術研究，以及他對音樂與生命的熱愛，向年輕學子說：創新、堅持與大愛，是醫者必備的三大要素。

杜院長的醫療貢獻不僅在於技術上的突破，更體現在他對醫學精神的執著。他以「病

人的需要就是我的使命」為信念，不論是再生醫學，還是顯微神經手術，每一次的創新，背後都是他數十年來不斷鑽研、勇於突破與實踐的結晶。他深知，醫學不只是技術的提升，更是一種對生命的承諾。離開手術台後，他不僅拯救病患的身體，也努力重建他們對生活的希望。

杜院長同時是教育與體育運動的推動者。他協助臺南一中重建橄欖球隊，拾回昔日榮光。他深知這支隊伍對學校的意義，也體認到團隊運動對年輕人成長的深遠影響，四年多來累計捐款超過千餘萬元，全力支持球隊的訓練與發展，並邀請專業教練指導，讓這支球隊得以站穩腳步，甚至培育出臺南一中五十年來的第一批橄欖球國手，堪稱臺南一中橄欖球之父。橄欖球不僅是他的運動愛好，更是一種人生哲學——相信隊友、尊重對手、服從裁判、團隊合作。這些價值，也深深影響著他在醫療與公益領域的每一個決策。

除了醫學與教育，杜院長在公益領域的貢獻更是不勝枚舉。他長年投身於偏鄉義診，尤其是對澎湖地區的醫療資源提升不遺餘力。自二〇〇七年首次帶領義大醫療團隊至澎湖義診，他始終秉持著「哪裡有需要，就到哪裡去」的精神，不畏舟車勞頓，每月定期親自前往，確保當地居民能獲得完善的醫療照護。他的義診不只是短期的幫助，更致力於提升當地醫療體系的長遠發展，讓在地醫療品質能夠大幅提升。

杜院長的奉獻精神，源自於他對生命的敬畏與關懷。他曾說：「手術讓病人恢復肢體功能，但我們還需要幫助他們找回內心的希望。」為此，他開始嘗試用音樂療癒病人，為病患請老師教小提琴，一起在音樂會中演奏，讓他們透過音樂表達自己，找回自信與快樂。他認為，音樂不僅是一種藝術，更是一種療癒的力量，可以幫助病人從心理層面獲得康復。

長年以來，杜院長將大部分收入投入公益事業。他信奉德蕾莎修女的精神：「真正的奉獻不是拿出多餘的，而是捨出原本擁有的。」因此，他從不將行善當作額外的付出，而是視為人生不可或缺的一部分。數十年來，他將半數收入投入公益，累積捐款超過上億元。他的生活極為簡樸，居住在醫院的小房間，睡著單人床，不論是開會公務出差及出席體育宴會演講活動，他的座車總是開著一部國產車。所有的快樂都來自於幫助別人，他曾說：「最開心的時候，是看到別人因為我的幫助而展露笑容。」這種無私的大愛，使他成為醫界、教育界乃至全人類社會的楷模。

本書《初心不退——活出生命的影響力》記錄了杜院長的醫療信仰與人生歷程，展現他如何在醫學創新、公益投入與教育推動中不斷前行。書中不僅有他對醫學突破的深刻見解，也談到他如何在困境中堅守信念、挑戰極限，並在奉獻中找到真正的快樂。他的故事讓我們看見一位真正的行動家，如何用一生去實踐他的理想。

這本書不僅是一本行動與理念的實錄，更是一本充滿啟發與感動的生命之書。它告訴我們，真正的成功不僅僅來自個人的努力，更來自於我們如何影響他人、如何將自己的力量轉化為社會的改變。杜院長的故事正是最好的例證。他以一己之力，改變無數病患的命運，為醫學帶來突破性的發展，並以無私的奉獻精神，為社會帶來溫暖與希望。

杜院長的一生，猶如一場不斷奔跑的旅程。他從不因困難而停下腳步，反而將挑戰視為前進的動力。他的精神啟發著無數人不斷追求卓越，無論是在醫學領域、教育領域，還是公益事業，他都用行動證明：「初心不退，才能創造真正的生命價值。」

感謝杜元坤院長的無私奉獻，也感謝所有協助這本書出版的朋友。我相信，這本書必能啟發更多人，在學習、成長或人生旅途中懷抱初心，無畏無懼。

自序——我的初心

我相信，「格局」與「毅力」，不只可以造就人的一生；更可以發揮影響力，感動別人。

面對目前社會上日益冷漠、無感、失落、詐騙、貪婪的諸多負能量現象，令人擔憂，我希望能把自己逾六十載的生活體驗，包括成功與失敗，快樂與悲傷、落魄，創新與發明，還有體育、音樂、慈善，以及面對生命的挑戰，化成文字，與社會大眾一起分享，讓有機會讀到這本書的讀者，可以感受到放大生命的「格局」與努力堅持的「毅力」，正是我們克服困難，化解危機的兩個重要修為。

我們都知道，「文以載道」、「文以明道」及「文以貫道」這三句名言，分別出自宋朝周敦頤、柳宗元、韓愈三位文學大師。儘管各大師的主張存有小異，然卻是大同，因三者皆同意，「道」是目的與內容，而「文」是手段與形式。「文」雖為「道」之附庸，然「道」要順利宣揚，還是得透過「文」來發揮與傳承，才能使「道」之功效得以展現和保留。所以，著書立說，才能發揮生命的影響力。

拉高格局，奉獻自己、樂於分享

很多人認為有名有利有地位，就是擁有影響力，所以，將名利視為一生努力追求成功的目標。一旦名利雙收，身處高位，卻不再向前邁進，反而用盡心機固守既得的利益，甚至常常排斥他人的共享。我認為這樣「自私」的想法與「失格」的作法，反而擴大社會不公平的鴻溝，讓弱勢及年輕的一代沒有出頭的希望。

我剛上醫學院時因為讀了德蕾莎修女的傳記，而立下一個未來人生目標，也就是我的「初心」——要把自己奉獻出來，不論遇到什麼困難，都要把自己所擁有的，給予需要的人分享。所以，我在完成醫學專業的訓練後，無論是醫療、公益、教育、音樂，體育各方面，都會以「初心不退」的精神專注自我實現，擴大社會影響力，雖然過程中不免招來批評、質疑、抹黑、或挫折，但仍自我砥礪，做一位不被打倒的強者，堅守屬於自己的道路。

而且即使擁有權力，我仍然選擇善良；就算被誤解，我仍然選擇寬容；即便遭到抹黑，我仍然選擇不爭。不是我軟弱，而是因為我明白，因果不空，世上善惡終有報。

人生匆匆超過一甲子，這本書就像是我的人生回憶錄，記錄每一段人生中的心路轉折過程，就如同樂曲一般演奏著，從出生的搖籃曲到洋溢青春的舞曲，再從結婚進行曲邁向事業挑戰的交響曲，最後步入老年回憶曲，以及安魂曲。

在我行醫濟世的人生主旋律中，屢屢感受到這個世界並非那麼溫暖，但是我們依然可以秉持著善良的心和為窮人、病人服務的精神，就像是點燃微弱的燭光，在最黑暗的角落給他人一點光亮與希望。面對日以繼夜的醫療工作及責任，我告訴自己，「不要把病人對醫師的要求放在肩上，而是放在心裡：因為把病人放在肩膀上會成為一種負擔，會覺得壓力大與痛苦；但把病人放在心裡則會轉化成為一個承諾，讓我們充滿使命感和光榮。」放大格局，會讓我們的心胸視野更加不同。

身為醫師，深知人類與病魔之戰從未贏過，所以我總是竭盡己力，讓病人保持生命的尊嚴。當一個醫師看到病人時，不該只是對方的「身分」、「疾病」，而是那個「人」。不只治病，還要治心，更應該體會病人照顧者的辛勞。而同理心的展現，不是站在遠處只用眼睛看著，而是與病人共同揹起這個名叫「病痛」的十字架，一起負重前行。

展現毅力，斜槓人生、樂此不疲

很多人不免質疑我，從事醫療行政管理、慈善、體育事業的多重負擔下，如何創新發明，研發出新的醫學突破？其實，就是無比堅持的「毅力」。更重要是，在繁重的臨床工作下，仍能持續研究工作，創造醫學紀錄。拿到許多世界醫學史上第一的意義，不是為了證明我比別人行，而是要找出很多過去醫學認為「難醫不治」的治療新方法，把這些新希望的種子散播出去。

審視自己這樣長年忍受孤獨、身心受創、睡眠不足，同儕誹議的日子，有如希臘神話中的普羅米修斯，因為盜走上天的火種給人類，帶給人類光明，讓人類的生活起了革命性的改善，自己卻因而被宙斯懲罰。我甘之如飴的扮演一位現代普羅米修斯的角色，這也的確是數十年來自己生活的寫照。

從高雄義大醫院創院開始，二十一年磨一劍，今年（二〇二五）終於完成帶領義大醫院升格醫學中心的心願！這不管是在醫學或人生道路上，都對我自己都別具意義，證明我們團隊的「格局」與「毅力」，不管在國際醫療認證、學術研究教學，癌症與急重症照護能力和偏鄉離島服務上，都表現優異。

但是，這項肯定也讓我體認到，必須更加快「傳承」與「教育」的腳步，除了讓更多人知道來學習我的醫學創新與發明，最重要是學習我的「精神」。例如，我已經超過十年連續不間斷，不畏風雨在每個月定期到澎湖義診。一開始曾被不少同業譏為「作秀」！但現在事實證明，我初心不退，每個月從來不缺席，甚至活出生命的影響力，讓澎湖每天都有我們義大醫療集團的員工二十四小時提供服務。這樣才是傳承與教育的最佳典範。

堅持初心，傳承教育、永不停歇

除了醫學方面的傳承與教育不能停，還有我自己對於英式橄欖球（rugby）的特殊情感與對於音樂的執著，也開始種下了希望的種子。

受到童年教育影響，我從長老教會的幼稚園園長黃茂卿（身兼牙醫師、橄欖球員、牧師）身上學到除了會念書之外，一個人的生活可以活得多彩多姿（熱愛柔道、橄欖球、音樂、慈善）。也讓我對運動員有更深一層的尊敬，運動員並不是不會念書，而是他們在運動場上表現比念書還好。很多先進國家的學術界大老、醫師和政治家在學生時代都曾是相當出色的運動員。由此可證，我也希望透過這一本書，讓很多身為家長的讀者了解，去培養下一代多方面的興趣發展，以後會讓我們的年輕人，思想更自由，發展更遠大。

人生的歷程如同搭上一輛生命列車，「成功」只是旅程的沿途風景，每一站皆是成功的足跡。至於下一個目標是什麼？「每一個目標，都是下一個目標的墊腳石。」所以，盡情放大自己格局，不要害怕改變，堅持自己初心，人的一生不是在追求完美，而是在不完美的過程中學習改變自我缺點，獲得蛻變後的智慧，創造屬於自我價值，活出生命的影響力。

謹以此序，和眾多有緣看到此書的朋友們分享。德不孤必有鄰，讓我們一起為改善這個社會而共同努力。

前言——拚命活到底，然後呢？

二〇二五年一月二十四日，衛生福利部公告醫院評鑑結果，高雄市義大醫院從準醫學中心正式升格為醫學中心，成為全國第二十三家醫學中心。消息傳來，曾經只是燕巢區西瓜田裡的一家醫院，上下歡騰。

看到醫護的努力、病人的肯定，來自各方的問候讓院長杜元坤欣喜難抑，從創院至今，一路不被看好到占有一席之地，走了二十一年。但是，升上醫學中心隔天，依舊是晨起巡房、診間看病，參與會議的日常。

這幾年，一提起義大醫院院長「杜元坤」，最為人所知的，莫過於新聞報導有位名醫在大病後暴瘦逾二十公斤，公開捐出身後財產；或者，《商業周刊》竟然有位「離島狂醫」上了封面；還有更多媒體相關訪談、報導，「候鳥醫師」、「瘋子醫師」、「紅包醫師」（給病人紅包），成為外界對他的認識；甚至他到澎湖義診之餘，還捐樂器、辦音樂會……，最有趣的是連續兩年在十二月時候，台北小巨蛋周遭馬路飄揚的「元坤盃」旗幟，親自上陣為賽事代言的他，差點被以為是選舉候選人，而被不少友人揶揄。

事實上，從醫三十餘年，杜元坤從未荒廢自己的專業與本分，從杜氏刀法到杜氏療法，從屋頂上的開刀手到竹北的杜氏實驗室，從台灣醫師到慕名而來的各國醫師學生；他在醫學上的成就與國際地位，領先的論文研究、創新術式，早已獲得肯定，不僅經常受邀出席各國醫療論壇專題演講，示範手術台幣七位數起跳。泰國還授予專業骨科院士肯定，還有正在申請以他名字命名的miRNA。

熱中慈善的杜元坤，從醫以來就捐出半薪，又宣布捐出遺產，以個人之力已捐款上億元，從醫療奉獻獎、傑出校友獎、國際人道醫療獎，港澳台慈善基金會華人愛心獎、國際外科傑出院士獎、義行獎、李國鼎管理獎章到史懷哲終身醫學貢獻獎章……再再都是肯定。

是醫師，是小提琴家，是慈善家，是橄欖球員，更是運動文創公司董事長……外界看這位斜槓醫師總是閒不下來，活躍在不同的領域，杜元坤反說，自己要每分每秒都不浪費要「活到底」！

究竟是哪些人生積累成就了今天的他？走過生死交關，他又如何思考自己的下一步？看他的起心動念，至今逐一完成願望，如何做到「初心不退」？

第1部

我想要活久一點

第1章——當醫師變成病人

我不能休息，因為還有很多該去救的病人。

「這真的是同一個人嗎？」

不認識義大醫院院長杜元坤的人，從網路搜尋他的名字，比對早期照片中的他與近幾年影片裡的模樣，忽胖忽瘦，不免費解：「這個人怎麼從『肯德基爺爺』變『魯夫』？」

至於認識杜元坤的病人們，一踏進診間，看到杜元坤本尊，嘴裡迸出第一句話都是：「院長，您怎麼變那麼瘦？」

面對這些病友的關心，杜元坤也不改幽默的回答：「我掉到洗衣機裡縮水了。」總讓病人、家屬聽了後，原本一臉的擔憂立刻轉為笑容。

被病人照顧的醫師

若非親眼所見，實在很難相信，這位「超人院長」、「狂醫」，原來只是凡人，也會生病。杜元坤在醫學院畢業後，便因為體位過重而免去兵役；早年在長庚醫院時期，創辦人王永慶看到剛升外科部長的他，還曾說「怎麼這麼大隻」。但是，昔日的圓潤福態如今整個消風，外表更顯清瘦。

自從杜元坤生病暴瘦後，他與病人之間的醫病關係「翻轉」過來。

不論身材或胖或瘦，杜元坤始終維持每週二固定骨科門診，每次掛號三百多號，其中有一大半拿「慢性病連續處方箋」（慢箋）的資深老病友，每三個月、半年會定期來「巡」一次身體。而這些跟杜元坤相識多年已經變成朋友的病人，美其名來「看醫師」，其實是來「看院長」的。

病人走進診間，坐下來第一件事，不是開口陳述自己的病痛，而是關心眼前的院長醫師：「院長，您這麼瘦，到底有沒有吃東西？」「院長，您現在身體好點嗎？」

許多病人已在診間外等候數小時，非但沒有不耐煩，反而貼心提醒：「院長您會不會累？要不要先休息？我們再等一下沒關係。」

甚至有病人捨不得他骨瘦如柴，帶來準備好的煲湯、補品，「病人擔心我、罵我，我很喜歡這種感覺，不只是我take care（照顧）他們，他們也對我好。」病人的窩心舉動療癒了杜元坤，「被病人疼愛」的感覺竟是如此美妙。

暴瘦近四十公斤的真相

回想最近一次驚險的生死關頭，「原本我擔心自己像賈伯斯（Steve Jobs，蘋果創辦人）一樣是胰臟癌，會走得很快，所以手術前，趕快通知我的律師、會計師預立遺囑。」身為醫師，杜元坤深知這次的症狀不一樣，更怕進了手術室就再也回不來。

所幸詳細檢查後，杜元坤並非罹癌，而是「胃纖維化、橫膈膜疝氣合併胃食道狹窄」。病名很長，簡單說，有部分源自杜元坤三十多年的老毛病胃潰瘍，還有就是一部分的胃穿過橫膈膜，從腹腔往上移到胸腔，「這是以前打橄欖球留下的後遺症，原來當年的撞擊後不是只有頭上凹了一個洞，橫膈膜也有一個破洞造成。」

日積月累的宿疾，這次來得無聲無息，兇猛劇烈。直到他做了內視鏡才發現，怎麼胃纖維化那麼嚴重，因為過去長期忍耐，持續反覆發炎，導致胃的吸收出問題，還是在硬撐。隨即進行修補後，胃沒有疝氣，但纖維化依然在，變得吃不多、體重跟著下降，纏身多年的糖尿病竟然好了，「我過去體重八、九十公斤，嚴重到一天打兩次胰島素，在兩年內瘦到六十幾公斤，外表看起來是瘦了，但事實上精神變得比較好，意志力也更強。」

如今說來雲淡風輕，事實上自二〇一八年以來，短短六年間，杜元坤歷經多次生死交關，而第一場大病更讓他險些截肢。

澎湖跳島險些截肢

那是二〇一八年七月，義大醫療團隊前往澎湖展開三天兩夜的巡迴義診，每天搭船「跳島」到鄰近二、三級離島為在地居民與病人看診。孰料，進行到第二天，杜元坤在下船時，右腳不慎被海岸邊石階的尖銳處劃傷。為了避免影響行程，也不想讓團隊擔心，他不動聲色，事後簡單包紮，按照原定計畫繼續到各個離島義診。

回到台灣的杜元坤原本不當一回事，一切行程如常。只是原本有糖尿病的他，加上傷口因為接觸到海水，沒有即時處置感染了海洋弧菌。糟糕的是，海洋弧菌引發的感染進展相當快速，患者輕則出現傷口皮膚潰爛，重則很可能在短時間內，引起嚴重的壞死性筋膜炎與敗血症，導致患部必須截肢，致死風險相當高。

心裡有數的杜元坤，因為傷口感染發炎拖延太久，開始出現發燒症狀。起先只是吞了幾顆抗生素，但右腳實在腫脹得厲害，再不開刀恐怕就得截肢，但一想到，若是自己被推去開刀，當天苦苦等著接受手術的病人，又該怎麼辦？

那個星期一，為了不影響早已預約兩、三個月的病人開刀，杜元坤苦撐著完成「馬拉松式」的十二台手術後，當所有醫護準備離開手術室時，他叫住身邊同仁並宣布：「現在是晚上十一點五十分，接下來準備開第十三台刀，病人和開刀醫師是同一個人，就叫杜元坤。」

一上手術台，當杜元坤掀開自己腳上的紗布，手術室裡的人當場愣住。因為他的右腳背早已通紅腫脹比平時還要大兩倍、布滿膿包，「甚至傷口已經看得到肌腱韌帶，」義大醫院骨科主治醫師薛宇桓回憶，直接清創很痛，大家還建議要不要請麻醉師來。

但杜元坤堅持不打麻醉立即開刀，因為隔日還得幫三百多位病患看診。最後沒人敢為「院長老師」動刀，他只好自己來。「當時看得我頭皮發麻、起雞皮疙瘩，但他始終面不改色，老師就是生理狂、心理狂、心靈也狂。」薛宇桓說。

歷史上有華佗為關公刮骨療毒，但杜元坤卻是一人分飾二角，包辦華佗和關公兩個角色，既是病人、也是醫師，還幫自己將傷口清理乾淨、縫合，整個過程三、四十分鐘，順利完成。杜元坤不用截肢，命也還在，他回到自己院長室的小房間，瞇眼躺不到幾小時，隔天依然準時早起，到診間繼續看診。

這樣的驚險歷程，杜元坤始終老神在在，繼續跟老天爺「賭命」。

看診時突發心肌梗塞

隔年（二〇一九年）三月，杜元坤在看診時，突然心絞痛，甚至在開口向患者解釋病況之際，他的喉頭像是被緊緊掐住，說不出話。當下，他推測可能是心肌梗塞。在身邊的醫護要求下，他緊急到心臟科進行電腦斷層掃描後發現，左側主要冠狀動脈已經堵塞九〇％，支冠狀動脈塞住五〇％，需要緊急進行心導管手術，以免危及生命。

但是，杜元坤考量到現場還有上百名患者等著看病，他擔心，自己如果休息，那麼多病人該怎麼辦？只要再撐一下，撐過去，很多病人就能獲得醫治。若是每次門診量以三百人計算，「一命配三百命，應該很划算。」於是他前後吞下六顆舌下錠，仍堅持看診。

結果心臟科團隊只好在一旁待命，直到心臟科主治醫師顧不得長官不長官了，當場氣得大吼，「您這個院長怎麼這麼頑固，拿自己的命開玩笑！」他的學生更是心急到當場「跪求」老師，允諾會幫忙看完所有的患者，請杜元坤快去手術。

這位醫師眼中「最不乖」的病人，延誤近五個小時才終於被推進手術房。手術順利完成後，杜元坤醒來第一件事就問，「診間病人看得如何？」更別談遵從醫囑躺在加護病房觀察，依然不聽話，隔天照樣披上白袍看病人去。

根本沒時間生病

每天看著這麼多的生老病死，相較多數人面對病痛折磨的怨天尤人，不斷自問「為什麼會是我？」但當主角變成自己，杜元坤根本沒時間抱怨老天爺，認為這一切都是「自找」的，因為每次都「病出自有因」。

因為自己愛打球常受傷；因為睡眠少、工作高壓又不健檢，導致心臟有問題沒發現；愛吃甜食所以糖尿病沒控制好；自願去澎湖義診不小心受傷，感染了海洋弧菌……沒有一項怪得了別人。

就像他明白如果沒有為自己開刀，因海洋弧菌感染的腿必須截肢時，日後行動恐怕受限，無法行動自如，再也沒辦法上山下海救人，所以忍痛也要自己劃下那一刀。

總是硬漢作風的杜元坤，每一次面臨病痛折磨，不得不承認，自己不是「超人」，只是「普通人」，心肌梗塞當然痛得要死，化膿的腳也痛得要命，腸胃有問題更是渾身不舒服，即使有滿桌的山珍海味也吃不下，「只是，我真的沒有時間生病。」

真正體會病人的心情

「終於當上病人」的杜元坤，既沒有乖乖休息、聽醫師的話，滿腦子想的仍然是工作和救人，「外人可能很難想像，怎麼會有這麼無趣的人。就像我從來不認為，因為生病了就必須慢下來。我接受治療的目的，只是為了要趕快回去工作。」

當醫師成為病人，才讓他明白幾件事，首先，「醫師就是最不合作的病人」，尤其他自己總是不管醫師交代要住院，或是硬要幫自己不麻醉就下刀，全都率性而為。其次，「我終於可以體會一下當病人的心情，每個來找我治療的病人，他們心裡是怎麼想的？到底病人要的是什麼？」

「其實，每個病人都希望醫師能對自己好，我也是。」當了病人的杜元坤設身處地思考，每個帶著病痛而來求診的病人，不外乎希望醫師能夠解決自己的問題、能夠真的關心，而不是趕人出院。還有最重要一點就是，病人會期待這位醫師可以個人專業承諾，一定會做到最好（I do my best.）。

他舉例，自己曾經因為打橄欖球導致韌帶斷掉，後來是由學生（現屏東義大醫院院長顏政佑）執刀，「我當然希望日後可以回到運動場上繼續打球。但在開刀前，醫師竟然說：『老師，我不可能開得像你那樣好，』當下我回說：『那就打你，』病人一定會期待要開刀後比現在更好啊！」

「直到成為病人那一刻，我才體會到病人就只是一個很卑微的希望——醫師對自己好。」他強調，做醫師不要辜負病人所託，而這也是他從醫以來一直身體力行的信念，持續對病人苦口婆心，全力以赴。

第2章——生死交關後的人生思考

讓我苦，不要讓我死。

在醫院，杜元坤為了患者和病魔搏鬥，與死神賽跑；在現實生活，他經過幾場大病折磨後，甚至再與死神擦身而過。那是兩年前，杜元坤六十三歲生日前夕，「我差點以為是自己人生中的『最後一夜』。」

當晚，杜元坤深夜十一點多才結束星期二的門診，一如往常回到院長室，正要坐下批改公文，突然心臟一陣絞痛，胃部強烈疼痛不適。身體再次發生警訊的當下，杜元坤沒有立刻求救，他思忖，就算生命走到最後一刻，絕不能演變成「職業傷害」，陷老闆於不義，帶給周遭人麻煩。於是他簡單收拾好東西，回到幾年前在醫院附近添購的住處，準備為自己演奏生命中的「最後一曲」。

「當時將近午夜十二點，我拿出父親生前送的小提琴，一個人站在琴架前，從舒曼、貝多芬，再到柴可夫斯基的名曲，一首接一首。」只是夜黑風寒，杜元坤突覺身體疲憊不堪，決定一切交給老天，走進臥室倒頭就睡。

是誰半夜按了三次鈴？

半夢半醒之間，突然傳來「叮咚、叮咚」門鈴聲響，被喚醒的杜元坤看了時鐘，已是凌晨三點多，他走到一樓對講機前，想看看到底是誰按鈴。只是對講機前一片黑暗，沒有任何人影與回應。轉身要回房間的他，再次聽到門鈴聲響，看到對講機的另一端連個影子都沒有。「我清楚記得，總共響了三次，卻始終不見有人影或出聲。」

一向早起的杜元坤，等到清晨五點便走至社區警衛室，提起深夜的「奇遇」，便請警衛人員調閱監視器，確定到底是誰惡作劇。只是看到監視畫面那一刻，杜元坤與警衛同時楞住，因為那段時間無人經過、杜宅門前更是「空無一人」。

「警衛滿臉狐疑看著我，『您確定嗎？怎麼會這樣？』我就對警衛說，那是牛頭馬面要來抓我。」他想起小時候曾經有算命老師指點，他到了這個歲數會有個大劫。但是他又隨即轉念一想，可能是本來要來抓人，但覺得這傢伙抓回天堂也是個禍害，成天鬧得雞犬不寧，還是算了！

於是杜元坤放下心中的問號，趕回醫院開始週三的開刀行程。在踏進院長室之際，只見滿地狼藉，原先的一些擺飾、獎章，像是地震過後東倒西歪。「明明沒有發生地震，醫院其他地方也沒有任何『災情』。」

儘管杜元坤幽默自嘲，自己是被牛頭馬面「退貨」的孫悟空。但事實上，他心裡卻是不斷默想，請牛頭馬面再看看生死簿上，是不是抓錯人，因為他「此世任務未了」，只要活著，還可以救更多人。

在病痛與死亡面前，杜元坤不想臣服，還是跟老天「參詳」（台語：商量）幫幫忙，請祂當自己是被派來人間的信使、使命兵，誓言「讓我苦，先別讓我死」，「祢讓我受再多的苦都沒關係，我還要活著救人，」異於常人想為病人做更多事，寧願自己受苦的心態，竟然讓他搶回自己一命。

跟自己妥協的四個練習

「人生的每一次難關，我相信都是老天的考驗，看我夠不夠格當祂的天使。不過，我現在也意識到得照顧好自己，才能實踐關懷。」除了對病人更有同理心與耐心，杜元坤也開始學習「對自己好」這門功課，而他最大的改變，就是學會「跟自己妥協」。

妥協的第一步，先對自己的身體好，從改變飲食習慣開始。

過去嗜吃甜食的他，蛋糕、巧克力來者不拒，「以前總覺得血糖高，頭腦才聰明，能思考很多事，但其實是藉口，只是自我感覺良好。」

現在的杜元坤戒掉高糖、油炸食物，更徹底落實「宵禁」，晚上十點過後不再吃東西。如今他的血糖已經恢復正常，無須再打胰島素，也不再為長年的糖尿病所苦。有時候，傍晚吃一塊小蛋糕犒賞自己後，就不再吃晚餐，除了刻意控制，加上食量變小「吃不下了」，所以，他開始重視足夠的營養攝取。

過去只要他看診，能量飲料、巧克力棒一字排開，總是一口氣吃完；現在控制每天一杯咖啡，頂多再喝點熱茶，至於過多的甜食也敬謝不敏，改以起司餅乾替代，偶爾他會以安素、蛋白粉補充不足部分。

第二，就是維持健康體魄，每年乖乖做體檢、維持運動習慣。

從小到大自認頭好壯壯，加上自己就是「院長」，所以每年院內固定的健康檢查，杜元坤都自動跳過。如今為了健康著想，每年乖乖做兩次健康檢查。

原來杜元坤的運動習慣，大多是為了比賽而在賽前增加強度與頻率，還曾經練習到腳抽筋，「但是沒辦法，冰敷後一樣上陣。」

現在改為每天持續運動，像是晨起的慢跑，也在辦公室、家裡擺放各式專業健身器材，隨時提醒自己「要活就要動」，一有空就做伏地挺身、仰臥起坐，不再刻意為了要贏球特別加強重量訓練，或者過度操練，現在都是為了保命，他笑說，是「練健康」的。

第三，修身也要修心，調整工作量、控制脾氣。

杜元坤一雙開刀好手，過去最高紀錄每月平均一百四十台到一百五十台手術，現在則減少至一百二十台、甚至一百台左右，多給自己一點時間從事其他工作。

過去一天「只睡四小時」，現在是「至少睡四小時」，有時候週末沒有特別趕的行程，就多睡個二十分鐘，晚點再去查房。

而以往個性急躁、求好心切的杜元坤，坦承自己「容易被激怒」，進行手術時常常催助手或學生動作快一點，要求嚴格，只要學生操作不順或速度放慢，一台八萬元的高倍顯微眼鏡照樣摔。生病之後，杜元坤的脾氣收斂許多，即使氣場依然強大，但他如今嘴上常常掛著「冷靜」、「看清楚」、「不要動」，對學生和助手多了體諒和寬容。

至於總是掏心掏肺對待的病人，杜元坤也看開了。曾有病人提出疑問或不聽話的態度，他難免會生氣，費了這麼大功夫掛號來看診，竟然有所遲疑，直接要病人拿了藥就整包拿去丟掉，或把回診單揉了丟掉，他都無所謂。

「其實，我自己都是老江湖了，竟然還看不破。」即使千辛萬苦排進看他門診的人，仍不乏聽人建議來看看、聽聽意見，加上某些人對於開刀、吃藥都有疑慮，所以，他現在會讓自己心情先緩和下來，給對方一點時間思考或和家人討論，不管開刀或治療都有考慮期，一切悉聽尊便。

最大的妥協，也是改變最多的，是在診間第一線學會放手。

面對人生的無常，每分每秒，時間成為最大的奢侈。

過去，病人喜歡跟杜元坤聊天，不論是家裡的婆媳問題、親子教養、錢難賺……杜元坤常常來者不拒，也不會打斷病人，往往要花二、三十分鐘才輪到「下一號」，結果是自己和團隊都沒時間休息、吃飯，另一方面，讓門外候診病人等太久，也是一大問題。

現在，他學會放手。當病人上門，先讓年輕住院醫師或主治醫師負責第一道把關，程度輕微者便先處理註記，再到「下一關」；若病人病況嚴重，則由杜元坤確認診治。提前分類患者病況分流，不僅有效提高看診流程，也讓資淺的年輕醫師累積經驗，病人省下時間，自己多點時間教學，一舉數得。

時間不等人，杜元坤還有好多想做的事，至於這兩、三年來，他對於自己的改變打幾分呢？他說，九十分。更進一步引用《戰國策．秦策五》中「行百里者半於九十」作為譬喻，行程一百里，走過九十里只能算走了一半，「接下來的路才更艱辛，而我還有一半的路要走。」

第3章——把挫折的磨練當修煉

我把挫折視為試金石，是上天在考驗我是否對自己誠實。

大病過後，杜元坤調整生命的先後緩急，把傳承與教育放在第一順位，不管是受邀至醫學院分享醫學素養，或到扶輪社分享人生價值，甚至化身「杜爺爺」對著離島十幾個教會小孩說故事，不論男女老幼，不在乎多少人鼓掌，越分享，越歡喜。

三十多年來，杜元坤穿梭於全球各大醫學會議，電腦裡上千個演講簡報，每個簡報檔案都不假手他人，全都親自整理製作；他的手機裡存著一張張開刀病房的手術照，用來寫論文做研究；尤其每一份病歷也都親力親為，因為他要讓每份病歷資料都成為一份教材。此外，手機裡有許多「杜氏語錄」，更是他在夜深人靜時，寫下所思所想，日積月累，為演講分享時候添料加味。

身為醫學前輩，杜元坤樂於到各家醫學院跟未來的「準醫師」們，面對面溝通分享。全台每年招考最困難的醫學系學生，錄取率一％左右，面對這些全台頂尖的高中畢業生，杜元坤的簡報主題往往是以「面對挫折的勇氣」切入，他相信，「訓練使人茁壯，挫折使人成長。」如同他的人生故事，一切始於父親的斯巴達教育，而第一次的挫敗就來自沒有考上第一志願開始。

人生首敗，沒考上「第一志願」

上大學以前，杜元坤是個不折不扣的「人生勝利組」，承襲父母的優良基因，從小學到臺南一中，讀書、考試對杜元坤來說，如同「一塊小蛋糕」，功課名列前茅，每天還有用不完的精力，拉小提琴、打橄欖球、學柔道、打拳擊、練舉重，忙得不亦樂乎。

大學聯考前夕，同學們都在埋首苦讀，只有杜元坤老神在在，小提琴照拉，橄欖球照打，反正模擬考總是霸榜全校之冠，他自信滿滿，人人夢寐以求的「第一志願」臺大醫科，理當手到擒來。

無奈天不從人願，杜元坤聯考失利，臺南一中「校排一」的他跌破眾人眼鏡，只考上臺北醫學院（現臺北醫學大學，以下簡稱北醫），人生首次吞敗，也打破當年臺南一中唯一沒有學生考上臺大醫學院的紀錄。至於考試成績不理想的原因，杜元坤不好意思的說，就是忙著談戀愛啦！

早年能考上醫學院是光宗耀祖之事，有人考上北醫家裡放鞭炮，但沒有考上臺大醫學院，讓總是「第一」的杜元坤無法接受，甚至痛苦到想要「尋死」。所幸，進入北醫就讀後，他彷彿走進一個新世界。

不僅破天荒創辦北醫管弦樂團，加入橄欖球隊，也遇見一群終生摯友，包括同班同學吳麥斯（現臺北醫學大學校長）、曾兆麟（現臺安醫院小兒神經科主治醫師）、鄭敏雄（現健仁醫院腦神經外科主治醫師）、江豐任（骨科診所院長）和陳至真（臺南新樓醫院外科主任）等人，至今「北醫橄欖球隊死黨」仍常球場聚首。

「當年我們都很熱中球隊運動，一年大概就是過年休個三天就收假，大家又集合練球。」吳麥斯笑談，在他這個台北孩子眼中，同學杜元坤打開了他們的眼界，尤其深厚的音樂造詣，還當起大家的古典音樂啟蒙教師，只是，「他以前太熱中打球，成績不太好。」

沒考上第一志願，縱使遺憾，但來到北醫，杜元坤卻活出自己的精彩。回頭想想，如果當年考上臺大，人生一路順遂，或許就沒有後來的「屋頂上的開刀手」，這世上就少了「狂醫」的動人故事。

背債九千萬，富二代變「負二代」

十八歲的聯考失利是杜元坤此生第一次挫敗，相較他四十三歲背負家中的龐大債務黑洞，簡直是小巫見大巫。

「如果說我是含著金湯匙出生，那麼我的人生卻曾被金湯匙噎到。」杜家遭逢變故，起始於杜元坤在北醫升大七那年。當時台灣仍在戒嚴時期，杜元坤父母親創辦黨外雜誌，父親擔任董事長，母親則是主編，因誤踩「紅線」，兩人遭到拘捕，杜元坤的父親囚禁綠島監獄兩年，母親在台南監獄服刑一年。

「我還記得，那時調查局派人到我家翻箱倒櫃，把所有雜誌全部搬走，我爸爸讀臺大法律系時，熱中學生運動；我媽媽念臺大外文系，夢想當個文學家，兩人一拍即合，共同創辦雜誌，果然闖出大禍。」

雙親身陷囹圄，家中頓失經濟支柱，身為長子的杜元坤一肩扛起養家責任，一邊擔任小提琴家教，同時在台北知名的南陽街補習班當補教老師，賺取學費和生活費。

「那幾年，他總是親自出庭，台北、台南兩地跑，後來為了就近照顧家裡，曾經短暫到台南奇美醫院任職。直到父母出獄，家裡安頓好，才回到林口長庚。」杜元坤從不麻煩別人，但吳麥斯對這位同學、室友、球友的那段辛苦日子，仍然記憶猶新。

杜元坤好不容易盼到父親、母親相繼出獄，以為家中就能迎來久違的安寧。沒想到，重獲自由後的父親為了討回公道，揚言買下關過母親的台南監獄那塊土地……接連的投資失利，加上父親晚年病痛纏身，母親也不善經營之道，杜家的債務竟如同滾雪球般，越滾越大。

直到數年後，杜元坤在長庚已經成為明日之星，父親在臨終前才終於讓他知道家中的財務真相，身後留下的「九千萬元」債務猶如一座大山，「說不怨恨父親是騙人的，但身為長子，我得扛起這個重擔，否則整個家就會垮掉。」

上帝關上一道門，就會打開另一扇窗。

二〇〇三年，義大醫院創院初期，義聯集團創辦人林義守四處招兵買馬，向杜元坤遞出橄欖枝，以高於林口長庚醫院的三倍薪資，允諾杜元坤擁有極高自由與主導權，可以承接不賺錢但對病人有意義的困難手術。

義大醫院雖遠在高雄燕巢，但是對充滿鬥志的杜元坤而言，正是一個全新戰場，也方便處理台南的家務問題，幾經思量，他忍痛放棄在長庚醫療體系打下的基業，賣掉林口房子舉家南下。

身上只剩三千元，又遇車禍

杜元坤回到南部之初，忙著看診開刀，整理處分父親的公司，還得跟銀行周旋債務協商，每天被錢追著跑，讓從小生活無虞的他，才真正體會到無錢之苦。

那段期間的他身心俱疲，才剛到義大醫院任職不到一個月，有一天開車行駛在高速公路準備下交流道時，因為過勞閃神，突然碰的一聲巨響，等回過神，自己的車已經追撞上前方賓士車。

驚魂未定的杜元坤，當下浮出念頭「慘了」，連忙下車查看情況，只見賓士車門打開，一位老先生慢慢走出來，所幸對方人車並無大礙，只是賓士後車廂被撞出一處凹陷。

自知理虧的杜元坤頻頻致歉，表示願意賠償的誠意。隨後一起前往修車廠，估算後修理費用就要六千元。杜元坤拿出皮夾翻了翻，身上僅剩三千塊，是他這個月所剩無幾的生活費，滿臉尷尬的他正猶豫該如何是好，老先生發話了：「沒關係，你不用賠，我自己出錢修就好。」車主如此佛心，杜元坤更是過意不去，向老先生要了聯絡方式，承諾一定會負責到底。

「話都說出口，卻還沒到發薪日，銀行戶頭空空如也，該上哪籌這筆錢？」杜元坤腦海裡浮現，某家位於高雄博愛路的中型醫院正在徵夜間值班醫師，從晚上八點到隔天上午八點，值夜班酬勞就有六千元。於是他開車到這家醫院，拿出醫師執照給櫃檯，表明自己要來值夜班。

消息很快傳到這所醫院的院長耳中。沒多久，院長急急忙忙衝下樓確認，發現站在自己眼前這位應徵值夜班的醫師，正是老師杜元坤。聽了「老師」的經歷與說明後，這位院長原先想直接拿錢給杜元坤，卻被當場婉拒。

杜元坤堅持不肯不勞而獲，於是整整值班十二小時後，領到「薪水」。當他把六千元交到老先生手中時，「年輕人，你真的很有信用。」老先生的誇獎卻讓他心中五味雜陳。

足足花了十二年時間，杜元坤終於清償家中的所有債務，「還清債務那一天，媽媽還在世。我跟她說了這件事，她聽了卻一直哭，說是害了我。但是我告訴媽媽，爸爸在天上看到這一天會笑的。於是我又給爸爸上香，告訴他債務已經清償，可以安心在天上休息了。」從那天起，我也告訴自己，無債一身輕，日後更可以沒有任何顧慮繼續行善之路。

離開長庚舒適圈，重啟人生

想起那段被錢追著跑的艱苦歲月，「要不是我老爸留給我這些負債，我一輩子沒有想過會離開長庚那個舒適圈。」

杜元坤是當時長庚醫院唯一一位會開顯微手術的骨科醫師，迅速升等，三十一歲就升上外傷骨科主任，原本還有大好前途。只是現實殘酷，逼得他不得不遠走他鄉。

開車離開林口那天，一上高速公路，「我跟兒子說，爸爸這次離開就不會再回林口了，因為阿公欠債，爸爸要去還錢……」杜元坤話還沒講完，便傳來太座冷冷的聲音：「安靜開車！」就連念幼兒園的兒子也還氣嘟嘟，捨不得離開學校同學和老師。

「現在回想起來，我滿感激父親留給我這種苦難，鍛鍊我的心智，激發我的潛力，不然我一直待在長庚，這輩子頂多是一個自視甚高的臭屁醫師，而不是懂得將病患擺在首位的醫師。」杜元坤感慨的說。

只有親身體驗沒錢的日子，才知道貧窮是什麼滋味。直到帶著義大醫療團隊去澎湖義診，他更能體會在離島資源匱乏的人家是如何過日子。「當年我要還債，如同一般人為錢奔波為錢忙，都位在一樣水平的地方。所以，我會蹲下來看病人的腳，親手檢查他們的腿，是因為我能體會他們的痛，這樣培養出來的慈悲心，跟以前在大醫院高高在上的心態完全不同。」

訓練使人茁壯，挫折使人成長

過往的人生挫折成就了今天的杜元坤，回想起父親的斯巴達教育，不聽話、不練琴就不給飯吃，當時在他眼中的不合理「訓練」，如今都是培養他心智最好的禮物。

「訓練使人茁壯，挫折使人成長」，他舉例，人生的成長就像種植一棵果樹，「茁壯」是指樹苗從小長成大樹，即使天生天養也可以順利開花結果，可是要真正達到「成長」，要能長出真正甜美的果實，那麼「挫折」就是最好的成長養分。

越挫越勇，讓自己更強大，「我爸給我這個折磨（負債），讓我成為更好的人，也成為更好的醫師。」學會與人平起平坐的謙卑，更是父親留債給杜元坤的一個恩典。與其說，這筆負債是個詛咒，不如說它是個祝福。

第4章——成為別人生命中的貴人

我們必須不停的去愛，去給予，直到成傷。

生病苦痛帶給杜元坤的改變，也影響了他的人生哲學——「我想要成為別人生命中的貴人，」雖然當醫師、做慈善，看起來好像幫助人很多，可是他回頭想想，這輩子受過更多人的幫助。

「如果當年我進到北醫，想打橄欖球時，教練認為我這個身材根本跑不動，不肯收我，那麼就沒有今天熱愛橄欖球的我，甚至還有球隊、舉辦元坤盃比賽……」

「如果當時沒有看了《德蕾莎修女傳》，讓我想成為這樣的人。」

「如果當時沒有在北部，先歷經長庚二十年的訓練與磨練，就不可能遇到那麼多不同需求的病人，甚至長庚還允許我做那些『奇怪』的手術。」

「如果沒有義大醫院的創辦人林義守，我不會來到高雄，他全然授權相信，不會限制我做什麼事情，不管是派救護車接回病人自己照顧，還是開些不賺錢的刀，但是我會用其他賺錢的刀平衡……他都說沒有關係。」

從小的家教與身教

「我想成為別人的貴人，不只是幫助人，沒有錢的給他錢，幫沒有前景的運動員找前途，幫助更多人的未來……還要讓一些沒有希望的人有希望，像是中風、癱瘓的病人，以前無法成功治療，但現在我發明很多手術來幫他們，慢慢的，成為病人和家屬的貴人；再教很多學生，讓更多醫師都會開這個刀，『傳染』給更多人。」他笑說，用「傳染」速度比較快，可以讓很多人知道。

杜元坤為何如此樂於助人，還樂於捨？這得歸功於外公與母親的身教與言教。

童年時期的杜元坤最喜歡跟在外公身邊，一路從高雄七賢三路走到愛河邊聽街頭藝人演唱。外公口袋裡總是塞滿錢，在路上遇到乞討或比較窮困的人，總不吝於掏錢給予。

有時聽完歌，外公不忘投錢打賞，只是他患有糖尿病，手部不靈活，常有些銅板從口袋滑出，小小杜元坤見狀就開心蹲在地上尋寶，撿起散落的零錢，收進口袋裡。

每次一回到家，外公總是習慣對杜元坤說：「阿坤，你不是撿很多錢嗎？去幫阿公買一罐汽水。」至今，杜元坤仍念念不忘祖孫這段有趣回憶，從小到大看著外公樂善好施，也意識到一個人能夠一直給予他人，是一件再快樂不過的事。

同樣的，杜元坤的母親也有一顆善良慷慨的心。杜元坤從小的記憶，就是每天下午大概四、五點，母親會把附近一群家庭經濟較弱勢的孩子帶到家裡吃飯，而且總是等這些孩子吃完，杜家的四個孩子才能上餐桌吃飯。

杜元坤很疑惑：「媽媽，我們不是你親生的嗎？為什麼外面小孩先吃飽才輪我們？」母親耐心解釋：「如果你們先吃完再給他們吃，人家會覺得，他是吃你吃剩下的，如果先給他們吃，你們之後再吃，這樣才是真正把他們當成自己兄弟姊妹看待，給予尊重。」

母親的教誨，「要給人尊嚴，才是真正對別人好。」也成為杜元坤至今行醫處世的重要人生哲學。

去愛，去給予，直到成傷

只不過，在錯綜複雜的醫病關係下，視病猶親的杜元坤不免有「真心換絕情」的哀傷，因為自己最珍視的病人也曾重重傷了他的心。

有些經濟困難的病人為了申請殘障補助金，不惜誇大病情，要求杜元坤開立殘障診斷證明書。曾有位病人手部開完刀後一年恢復良好，某天突然聲稱他的手完全使不上力，要求開立證明。但是，當殘障診斷證明文件掉到地上時，這名患者卻能毫不費力彎腰撿起。

也有患者接受脊椎手術後，病況已好轉，卻宣稱自己無法正常行走，必須靠輪椅代步，請求開立殘障診斷證明書，杜元坤以「善意的謊言」向病患解釋，必須進行X光檢查，確認病況後才可以開立診斷書，沒想到患者一聽，立即從椅子上站起來自行走去檢查處。

面對這些「人性考驗」，杜元坤總是「看破不說破」，以包容與正向的心態面對一切。只是近年的幾起醫療糾紛事件，讓他一度質疑自己付出的意義，甚至萌生退休想法。

杜元坤回想，當初有位病人得知他是「紅包醫師」，會心軟給病人營養費，所以來找他進行一個頸椎神經手術，因為包括健保給付等等大概五、六萬元。手術後病人曾問：「醫生，那我這樣就好了嗎？」沒想到杜元坤回答：「對！」隔天，病人一毛錢醫藥費也沒付就跑掉了。

過了一年後，這個病人跑來診間哭訴，這一年生不如死。杜元坤不疑有他，還問怎麼了？沒想到病人也很直白，就說保險員轉述，「杜院長很好講話，只要說生不如死就會幫你開殘障證明。」

這番話讓杜元坤相當錯愕，除了病人的態度，還有對方保險員竟然這樣教他。「這是在騙人，因為寫了殘障診斷就是在騙國家的錢，我不能忍受這種事情。我說，你要拿我錢可以，要拿國家的錢不行，這樣會對不起那些真正殘障卻領不到補助的人。但是，那些人還是會覺得，反正就開給我證明會怎樣？」這種「鴨霸」病人總是讓杜元坤無言以對，不斷自省，到底對病人好有錯嗎？後來，「只能靠自己轉念了。」

以前有窮苦生病的病人上門，杜元坤犧牲休息時間與健康、金錢，也要幫他們重獲健康並解決財務窘困。所以，杜元坤一直以為他在「度眾生」，別人詆毀他，他原諒他們，還幫對方圓場。

但是，大病後的杜元坤，有了更深的體會與智慧，其實這些都是別人在「度」他。「別人用口頭上的毀謗和外在的窮病苦難，來訓練我內心的堅定勇氣與慈悲能力。」如同他的偶像德蕾莎修女所說：「我們必須在愛之中成長，為此我們必須不停的去愛，去給予，直到成傷。」

無可救藥的傻瓜同情心

更有甚者，「我幫病人開好刀，對方卻來告我，因為他聽說只要告我，我多少都會給些錢。」杜元坤萬萬沒想到，自己對病人無怨無悔的付出，卻被對方當成提款機。

那位病人原先因為半邊手腳動彈不得，加上經濟窘迫，杜元坤便出錢出力，還自掏腰包幫忙支付住院費。原本病人在術後能開始活動，透過定期復健恢復狀況也越來越好，最後這名病人還要求開立殘障證明，以請領補助金，但杜元坤評估，病人的狀況並不符合標準，予以婉拒。

沒想到這位病人竟挾怨報復，一狀告上法院。「那時候我好失望，覺得人性怎麼會這樣？」儘管法院判決結果做出不起訴處分，但一直以來最引以為傲的志業，重重的傷了自己，讓杜元坤感到相當挫折。

這還不是單一個案。

已經退休的社區醫療部前高級專員蕭隆城回憶，「曾有一位病人在別家醫學中心開過七次脊椎手術未見好轉，最後找上杜院長，但再開刀的風險相當高，恢復機率僅約五〇%，院長曾建議對方先諮詢原來的主治醫師，再做一番通盤思考，是否真的要接受手術。」

但這名病人堅持，不願再回頭找原來的醫師診治，苦苦哀求。杜元坤於心不忍，答應幫病人開刀。「沒想到，病人對術後結果不滿意，不但沒有積極回診，還開始寫信到院長信箱，抱怨杜院長態度惡劣、對其不聞不問。」蕭隆城說。

「當時院長一直交代我們釋出善意，希望安排病人回診，釐清病況問題，卻遭對方斷然拒絕，聲稱自己被杜元坤『開壞』以致於癱瘓在床，要求賠償與精神慰問，經過多次協商未果後，直接提告。」提起這起醫療糾紛，經手的蕭隆城坦言，院方對這位病人格外關心，院長也持續關注。

每每遇到這種無妄之災，杜元坤常會想：「對病人這麼好，真的值得嗎？」有時候會氣到半夜睡不著，但隔天醒來，遇見需要幫助的新病人，又把前一天的事情拋諸腦後。

但是令醫護同仁難以費解的是，杜元坤經常「以德報怨」，有次他被一名病人告上法院，但沒多久後，這名病人又因騎重機出車禍受傷，再次找上門。杜元坤也不記前仇，再次替這位病人執刀。

「很多人說我是psycho（精神病、瘋子醫生），其實我不是psycho，我是傻瓜。Psycho有藥醫，傻瓜沒藥救！我總是希望醫治好更多的病患，救治更多的人，卻一直醫不好自己無可救藥的傻瓜同情心。」他說。

詆毀、暗箭，職場上的逆貴人

曾是世界上最快樂的醫師，但他醫治的病人卻帶給他傷害，杜元坤總是告訴自己，要實踐德蕾莎修女所說：「如果行善會讓你受傷，那就請受傷吧！」只是他面對的傷害，不只來自病人端，更多來自同僚、同業，他的回應依然霸氣，「只有比你差的人，才會拿刀子在背後捅你，比你優秀的人，根本沒有時間討厭你。」

你觀察過螃蟹嗎？如果在竹簍裡放一隻螃蟹，就必須蓋上蓋子，否則牠會爬出來，但如果多放幾隻進去，就不用再蓋蓋子，因為只要有一隻螃蟹想要逃脫、快要爬出簍子，其他螃蟹便會紛紛攀附在牠的身上，互相拉扯、牽制，結果是把牠拉下來，最後沒有一隻螃蟹成功出得去。

杜元坤在林口長庚醫院時期，就是那隻想要爬出竹簍的螃蟹，努力爬出那座白色巨塔。當年骨科出身的杜元坤，為了一個被當人球的患者，跨界「自學」顯微手術，沒想到做出興趣，在許多整形外科醫師眼裡，他的創新刀法術式始終「不入流」，私下批評他是蠻橫的「搶刀手」。

年輕氣盛的杜元坤自認實力堅強，不畏人言，卻沒想到各種明槍暗箭，讓他從林口長庚被調派到基隆長庚。隨著各種不利流言甚囂塵上，時任林口長庚醫院院長張昭雄直接下令，要求杜元坤必須出國進修，才能繼續在院內做顯微手術。

起初，杜元坤申請顯微外科、整形外科聞名世界的美國杜克大學醫學中心（The Duke University Medical Center），可就在他出發前一個月，無預警收到對方通知，因申請程序有誤，暫停申請計畫。原先杜元坤不疑有他，事後他才知道，原來是院內有心人士，私底下寫信給杜克大學，致使他痛失機會。

「單挑對幹缺膽識，專在背後暗箭刺，抹黑造謠暗忌妒，我強干你什麼事？」被同事抹黑陷害，氣急敗壞的他借「詩」澆愁，抒發鬱悶一番，哪知正能量強大的他，越看越得意，怒氣消了一大半，最後還笑出來。

杜克之行泡湯，杜元坤只好另尋他處，這次他學乖了，低調保密到家，成功申請全美排名第一的美國梅約醫學中心（Mayo Clinic）進修。原本以為自己是繞遠路，沒想到卻「因禍得福」，進修期間，熱愛研究的他樂得每天泡在實驗室，不眠不休工作，總計完成六篇論文，其中五篇被選入梅約醫學中心年度最佳十篇論文中，從此奠定杜元坤深厚的手外科、神經外科手術基礎。

南下義大被唱衰，用實力寫下傳奇

現代臨床醫學之父威廉・奥斯勒（William Osler）曾說：「醫師只有兩種。一種是用頭腦的，一種是光用嘴巴的。對於自己專業勤奮不懈，一心求通達的人，整個人都活在醫院與診療室中……這種人在成功之前，少不了要經過多年的磨練。至於那些口若懸河的人，談起自己來，全都是說的比唱的好聽。」

杜元坤雖然以實力獲得病人肯定，但在決心南下義大醫院、離開長庚的時候，院內也開始傳出更多閒言閒語與幸災樂禍：「老杜去南部，就是去賺錢的，他一離開長庚，學術研究生涯到盡頭了。」

「我當時發誓，一定要證明給他們看，只要有心，哪裡都可以成為我的舞台。」不甘被看扁，杜元坤開始悶聲做大事，「謠言是弱者攻擊強者的廉價武器，強者不應把謠言當成自己失敗或是氣餒的藉口。」帶著這股不認輸的氣勢，他與追隨南下的多名「杜家軍」子弟兵，將義大骨科經營得有聲有色，在高雄在地樹立口碑。

二〇一一年，杜元坤洞燭機先成立手外科，靠著一流醫術，最先進創新的杜氏刀法迅速打響義大醫院名號，成為國內外手外科治療的醫學重鎮。杜元坤目前在世界臂神經叢手術居於領先地位，不僅獲得世界手外科學會的認證，特別出版一本由杜元坤親筆撰寫的臂神經叢手術指引專刊，是台灣醫界的驕傲。

南下高雄至今二十一個年頭，杜元坤位居院長高位，累計開刀超過兩萬八千台，發表國際頂尖期刊論文逾兩百篇，大大小小獲獎不計其數，以院長之姿，帶領醫療團隊成功擦亮義大醫院招牌，在高雄長庚、高雄榮總、高醫、義大「三高一義」這四大知名醫院，占有一席之地。二〇二五年一開春，南部醫院評鑑出爐，義大醫院從準醫學中心正式升格醫學中心，這條逆轉勝之路，終獲肯定。

第5章——要跟兒子一起拿諾貝爾醫學獎

我這輩子最大的缺點，就是一個失敗的父親和老公。

二〇二五年初春，杜元坤的獨子前往美國攻讀研究所，臺大醫學院畢業的杜泳逸是他最大的驕傲。「院長的兒子大學放榜，考上臺大後，他笑得都合不攏嘴，」薛宇桓回想，因為老師心情大好，所以那段期間大家的日子都很好過。

杜泳逸從小到大成績優異，只是父親卻從沒參加過他從小到大任何一場畢業典禮。即使沒有父親陪伴成長，但是子承父志，二〇一八年考上臺大醫學院，甚至只填唯一志願「臺大醫科」，為的就是「超越」老爸。

杜元坤在醫學、慈善、運動……各方面表現可圈可點，他自認是社會「公共財」，從個人的健康、時間和金錢都給了病人和弱勢者，沒有留給家人和自己。即使是病人口中的神醫、活菩薩，卻是家中的隱形人。

外科醫師的宿命

「我太太婚前是一位醫護人員，非常了解病人優先是我的志業，當外科醫師另一半的宿命就是這樣，她早已習慣了。」如此寬大的包容與忍讓，讓杜元坤內心充滿感激。

即使在前幾年，杜元坤歷經大病、開刀，害怕太太與兒子擔心，他也選擇「隱瞞病情」，獨自面對病痛，等病好了再開口。「我太太是收到手術保險證明才知道，直問為何不早點講，她可以來照顧我。」杜元坤說。「即使是大病初癒後，對外宣布日後捐出遺產一事，我兒子和太太也是看新聞才知道。」果然，事後兒子婉轉告知，他們母子對他的決定沒有意見，也很支持，但是下次再有事可以先說一聲。

明明應該是最緊密的親人，但妻兒對杜元坤的一舉一動，多半來自於報章雜誌，若想要和他見上一面、說上一句話，恐怕「當杜元坤的病人」還比較容易。「我老婆總說，要當病人才能跟我聊天，家裡的人生病才看得到我。」言語中的不滿與抗議，杜元坤默認，這輩子注定「愧對妻兒」，就連兒子要跟他談事情，也得透過秘書「預約時間」。

身為名醫之子，杜泳逸並非從小就立志從醫，反而對物理情有獨鍾。直到國一那年，母親生了一場大病，才悄悄在心中立下從醫志願。

曾經，在兒子杜泳逸的眼中，對父親杜元坤相當陌生，只是他人口中的名醫，「兩年半前，我到臺大醫學院演講《音樂與人生》，我兒子就坐在台下聽講，我真的很感謝他們系主任，因為我兒子從沒有機會好好聽我講話超過兩個小時。」

雖然父子倆都是從小學習小提琴，但杜泳逸的個性卻與老爸大相逕庭。因為被媽媽再三告誡橄欖球是「野蠻」運動，雖沒有上場打球，卻從小展現優異的科學家潛能，就讀高雄中學科學班時，即便只有幾毫米的蚱蜢、瓢蟲等細小昆蟲標本，都能有耐心一步步完成，維妙維肖。

因為杜元坤長年住在醫院，一家三口只有團圓夜的年夜飯才聚首，但是兒子就讀醫學系後，反而拉近杜元坤與杜泳逸的父子關係。

要兒子以他為榮

某一天，杜泳逸來到義大醫院診間，跟隨老爸實習，引起轟動。畢竟，杜元坤常跟醫護同仁開口閉口講兒子，只有少數同仁有緣一見。

膚色白淨、帶點宅男氣質，講話斯文的他，在專科護理師鍾惠敏眼中，「院長的兒子彬彬有禮，至於那一天的院長則非常溫柔，對我們講話都輕聲細語，『姐妹長、姐妹短』。」

難得兒子前來向老爸拜師，杜元坤傾其所能傳授臨床經驗，帶到診間或開刀房親自開講，「我兒子本來對臨床很有興趣，也跟過我開刀、看門診，那時候還說：『爸爸您好神！病人剛走進來，電腦都還沒開就知道對方是脊椎第四、第五節痛』。」

「當下我反問，那你以為我是去澎湖『義診』，還是去『誤診』？」

杜元坤告訴兒子，因為去義診的地方可能沒有X光，光是病人走進診間那一刻，光從步態就能看出是髖關節、膝關節，或是腰椎第幾節有問題；當病人坐下那一剎那，是斜坐、側坐、直接坐，還是慢慢坐，還是手撐著坐，走路怎麼走，外八、內八……這些都是靠幾十年的經驗判斷。

就像中醫有所謂「望聞問切」，杜元坤觀察病人，也是從病人走進診間的那一刻開始。這一席話說得兒子相當佩服，「因為我要樹立一個典範，要兒子以父親為榮。」

只是看著門診上百人的「盛況」，每位病人主訴不同要做正確診斷，還有人為了診斷證明一直「盧」……杜泳逸告訴父親，「爸爸，我不想做臨床，太苦了。像您要做出診斷幫助病人，還要擔心之後會不會衍生其他狀況、或者欺騙……與其要花心思想這些，我可以去做研究、做更多更好的事情。」

許願父子同獲諾貝爾醫學獎

看到父親上班，忙著看診、開刀的忙碌生活，即使同樣擁有過人觀察力與一雙巧手，但杜泳逸誠實的告訴杜元坤，父親的快手確實很難超越，堪稱是「醫界的米開朗基羅」，能用手術刀解救生命，為病患雕刻出嶄新的人生。

但杜泳逸渴望成為「達文西」，朝著集科學、發明於一身的醫學通才之路前進，更勝父親一籌。提起兒子要比他強的宣言，杜元坤相當自豪。尤其兒子前往美國進行最尖端的科學研究，「我尊重兒子的選擇，就先去做研究，之後還是可以回到臨床，走什麼科都可以。」杜元坤對兒子的未來，並不設限。

「杜家有子初長成」，外人看杜元坤活得風光燦爛，其實，他內心深處還有一個未達成的宏願。如同許多諾貝爾獎得主，基於好奇心驅使，秉持對研究的熱愛，歷經無數個寒暑，才得以帶出前所未有的新革命風潮，這正是杜元坤一生努力追求的極致目標，或許還有段路要走，但他期待能跟兒子一起獲得諾貝爾醫學獎。

兩代杜醫師，性格迥異，各自在不同的醫學路上前進。但對未知的醫學科研未來，同樣有著永不止息的「科學家」熱情。當然，有朝一日，杜元坤承諾，若是諾貝爾獎美夢實現，仍要向自己崇拜的德蕾莎修女看齊，將獎金全數捐作公益，與社會共享這份榮耀。

請問，杜院長：您的人生有哪些「捨」與「得」？

「捨得，捨得，人生有捨才有得。」我也常常在想，還有什麼是可以丟掉的？

第一個就是「犧牲享受」。我很多同學看我這樣每天工作，沒有任何休息，就算出國參加醫學論壇就是坐在會場一整天，不會趁機觀光或多留幾天在外地旅遊，這樣有什麼人生樂趣可言？確實，我有享受的本錢，但是，我對自己在做的事情樂此不疲。

我認為，「丟掉享受」是拉近你與不幸的人關係最好的辦法，因為一個不幸的人，往往沒什麼機會或可以享受的心情，這是一種同理。其次是捨棄「休息」。那麼多病人沒有人救，我哪有時間休息，錢可以再賺，但等你賺到錢要捐的時候，這些人已經不在了，所以要犧牲自己的休息時間，更加努力。

也因此，第三個要捨的就是「金錢」，如同媒體報導的，金錢對我而言，已經不在我能夠捨得的Priority（優先順序），就像捐整組打擊樂器、小提琴、鋼琴給澎湖的小學，或出借收藏的小提琴給音樂家，如果演出得獎也是他們各自努力得來的。但是，我的那些錢如果都放在銀行，就無法發揮這樣的功能。

第四個就是，我捨掉的是自己的家庭生活。我一直覺得，如果太太可以理解、忍受，那就這樣；如果真的受不了，像是如果我兒子覺得爸爸都沒有顧家，我也有心理準備身後不會有人祭祀。

我「捨」下的包括自身的享受、休息、金錢與家庭生活；獲「得」的，或許大多人認為是看得見的名聲與地位，但是對我來說，這些都不如一張張病人與家屬的笑臉，還有給予更多人期盼與對未來的希望。

第2部

給沒有希望的人希望

第6章——杜氏療法：神奇的外泌體

就算我再會開刀，還是有一部分病人治不好……

骨科出身的杜元坤，跨界鑽研神經顯微重建手術，成為國內唯一精通骨科、神經外科與整形外科三大科的「醫龍」，永遠自我突破「杜元坤障礙」，甚至在時下正興的細胞治療領域，早已研究有成。

「外泌體功能更勝幹細胞！」一提起時下當紅的外泌體，他侃侃而談，「我在二〇一二年就開始對細胞治療有興趣，而幹細胞與外泌體的發展，讓我們醫師科學家可以把以前的科幻小說變成真實的情節（transform the science fiction into life facts）。」

近年來因為COVID-19疫情暴紅的小分子核糖核酸（microRNA，縮寫miRNA）、外泌體研究，杜元坤早已超前布署，起心動念，依然是他最放不下的「病人」。「當初是起源於，我發覺即使自己再會開刀，還是有一部分病人治不好。比如，脊椎癱瘓、或是中風的病人。」他坦承，雖然有七成癱瘓病人的症狀可以透過手術獲得改善，但是其餘三成，醫界仍束手無策。

「我開完（手術）讓他可以走，問題是走得不好；或是開完刀後，只能動但站不起來。所以我就開始想，國際間有沒有其他研究或更好的方法？」杜元坤回想，當時自己從三個角度去思考。

開刀技術再好又如何？

首先就是，是否技術上還能更突破？

「早年在接神經時，大家都說脊椎和豆腐一樣『不能接』，我才想到用繞道方式，引用臂神經叢的想法，這在當年可是離經叛道，大家認為我是神經病，不可以做、亂來，可是我找到文獻證明，有人做過只是失敗了。所以，我開始把肋間神經轉來接到脊椎。」

只是人體周邊神經一旦受損，要恢復相當難，神經再生速度慢，一年頂多才長一、兩公分，而且患者術後復健狀況，更讓預後充滿變數。這些難題刺激杜元坤不斷思考，還有什麼方法能夠突破手術極限，加速神經成長？

杜元坤認證的傳人薛宇桓說明，透過手術重建後，不管技術再好、做法再新穎，一樣的手術在不同患者身上就是會有恢復好壞的差異，這是無法克服的問題。

爬梳更多國外的研究文獻後，杜元坤想到，是不是能用「幹細胞」治療？

一頭栽入幹細胞世界

事實上幹細胞研究由來已久，只是基礎研究學者都仍在實驗室階段，始終未在臨床上展現價值。很多人並不清楚「細胞治療」、「再生醫學」這些專有名詞，也不懂神經要如何修復再生。

簡單來說，人體由許多不同種類的細胞組成，每種細胞與生俱來都有特定的功能，例如肝細胞負責代謝、神經細胞則用於傳遞信號。然而，隨著年齡增長或疾病發生，這些細胞可能會受損或死亡。

傳統的醫療方式只能緩解症狀，無法徹底修復受損的組織和器官。隨著醫學科技發達，學者專家發現「細胞治療」可以利用細胞自我再生的能力，提升人體的修復能力。以幹細胞療法來說，幹細胞是一種特殊的原始細胞，能夠自我更新和分化成各種不同類型的細胞。醫師從患者體內提取幹細胞，經過培養和處理再移植回去，幫助修復受損的組織。

早期的幹細胞研究，發現幹細胞能夠用來修復人體組織、器官，但有的治療效果不錯，有的不好，杜元坤形容，幹細胞有好有壞，「就像樂團表演，一群人上去演奏，好的壞的加在一起，濫竽充數。」所以他開始試著想要分離出幹細胞。

幹細胞療法遇到許多限制和挑戰，其中最大的缺點便在於存活率低，由於幹細胞培養個體差異大，且品質參差不齊，光是讓幹細胞能夠存活便是一大挑戰。

自二〇一二年起，杜元坤開始投入幹細胞研究，經過實驗發現，幹細胞培養後存活率僅五%左右，此外，因體外培養時間不定、純度鑑定標準不一致，雖然幹細胞在人體使用上安全，但治療效果不一。

薛宇桓補充，幹細胞治療有這麼多的阻礙，臨床上也無法推行，就是卡在「細胞」本身是「活的」，因此在標準化、純化與穩定性上很難拿捏。「就像我們都是『人類』，除了有國籍之分，像是日本人、美國人，但也不是日本人的個性都一樣。因此，這樣的治療很難被列管，只能停留在臨床實驗，患者無法受惠。」

幹細胞應用雖然不如預期，但杜元坤在研究過程中意外發現，「幹細胞竟然會『近朱者赤，近墨者黑』。」他形容，好比一名大學生沒有抽到學校宿舍，只好選擇在校外租房子，每天看著室友們玩流行音樂、朗誦詩歌、跳街舞，或是打牌、玩線上遊戲等，潛移默化下，這名學生接觸這類活動的可能性大增。

「無細胞的」細胞治療

「幹細胞不是自己作用，是有傳染性的，也就是說，幹細胞還會影響它的鄰居。」杜元坤強調，幹細胞本身的神奇不在於本身，而在會影響其他細胞，這個獨特論點也引起其他科學家好奇。雖然幹細胞存活時間很短，但它會影響其他細胞作用，他解釋，「關鍵就在於幹細胞分泌的『外泌體』(Exosomes)。」

何謂外泌體？

它是從幹細胞運作中，分泌出的一種細胞外囊泡（extracellular vesicles，EVs），大小僅三十至一百五十奈米，比髮絲還要細。它的角色類似「郵差」、「快遞」，負責在不同細胞間傳送訊息，擁有雙層脂質結構，能輕鬆穿越肌膚表皮層，富含蛋白質、miRNA及mRNA、生長因子等成分，能修復組織、活化細胞，有助再生醫學、血管生成、免疫反應等。

如今「外泌體」躋身再生醫學的明日之星，更是許多醫美保養主打，讓貴婦們趨之若鶩。但事實上，十多年前，外泌體還被認為是「細胞的廢棄物」，乏人問津，國際研究外泌體的文獻不到幾十篇。

直到美國的詹姆士・拉斯曼（James E. Rathman）、藍迪・薛克曼（Randy W. Schekman），以及德國的湯瑪士・居德霍夫（Thomas C. Südhof）三位科學家，因為解開人體細胞如何調節傳輸系統之謎，於二〇一三年獲得諾貝爾醫學獎，外泌體瞬間「垃圾變黃金」，鹹魚翻身，成為再生醫療熱門研究項目，吸引全球生技業者爭相投入。

諾貝爾醫學獎的加持，讓杜元坤更加確信自己研究的方向沒有錯，「外泌體和幹細胞就好比是雞精與雞湯；外泌體如同雞精，幹細胞就像雞湯；在濃度及作用上，外泌體功用勝於幹細胞，更能誘導細胞增生，大幅提升修復力。」簡單一句話闡述，因為雞精比雞湯營養價值更高，所以外泌體治療效果，顯而可知比幹細胞更勝一籌。

薛宇桓解釋，那是在一次實驗中，團隊拿培養的幹細胞與培養幹細胞的培養液進行動物實驗，竟然效果相近！進一步發現原來細胞本身不是那麼重要，杜元坤補充，「我們過去就是吃雞肉，那個培養液就是雞湯。所以，我們就把細胞（雞肉）去除掉，從效果不錯的雞湯開始試，發現效果跟吃雞肉一樣。」

至於這個「雞湯」裡面是什麼？就包括大家現在熟知的外泌體，這些才是真正有價值，後來也被稱為「無細胞的細胞治療」。其潛力遠勝於幹細胞，除了可以純化，並且從不斷萃取去精煉而來；還能增量；甚至具有異體移植的潛力。

杜元坤確信，神經再生醫學發展關鍵，必須集中火力鑽研真正的主角：外泌體。只是早期技術不純熟，外泌體不容易收集、分離，於是他在二〇一六年，繼屋頂上的實驗室後，再次發揮「自己實驗室自己蓋」的精神，在竹北成立實驗室，也比中央研究院還早就引進全台灣第一部超高速離心機，加快科研腳步。

同時陸續也開始有人注意到，投入外泌體更多領域的運用。逐漸改變了再生醫療的生態，也讓再生醫療從細胞治療的領域，走入「非細胞治療」的方向。

利用杜元坤的研究為 miRNA 取名

杜元坤堪稱台灣外泌體臨床實務先驅者，對全球外泌體研究同樣貢獻卓著。

過去十多年，從投入細胞治療研究的過程中，一步步抽絲剝繭，一開始從幹細胞，再到外泌體，一路峰迴路轉摸索下來，他發現，外泌體內 miRNA 才是真正賦予外泌體效用的關鍵之鑰。

他舉例，就好像你有一部很漂亮的跑車，很拉風。大家都只看到外表，有輪子可以跑，但輪子的動能（energy）是什麼？看是要加油或充電。而外泌體就類似跑車的輪子，到底是什麼去驅動外泌體產生作用？就是外泌體裡面的 Micro RNA，那就是一部跑車所需的汽油，而外泌體是它的輪子，才有辦法讓細胞作用。

只是當初是什麼契機讓杜元坤切入這個領域，他回想，「二〇〇四年，我到成功大學聽美國生物學家、同時也是諾貝爾生醫獎得主霍維茨（Robert Horvitz，編按：二〇〇二年獲獎）演講，當時我問霍維茨，當今生命科學還有哪些重要議題值得探究？他不加思索告訴我：『miRNA是個很大的謎團（mystery），正等待世人解開。』當時我還半信半疑，但現在回想起來，霍維茨確實有先見之明。」

經過動物實驗，杜元坤發現，外泌體發揮的療效時而成功、時而失敗，他決定進一步分解外泌體，終於真相大白。

原來外泌體裡所產生的miRNA，才是驅動外泌體功能的領航者，但並非各種小分子核糖核酸都具備驅動力，有的能發揮效用，有的卻無法，就像是在抽「盲盒」，有時幸運能抽到有效的，有時運氣不佳就只能撲空。

如同哥倫布發現新大陸一樣，杜元坤先是挖掘出十五種miRNA，再進一步找出其中五種，能確保發揮效用的小分子核糖核酸，找出真正能幫助神經再生的關鍵因子。而這五種miRNA，也以杜元坤的研究命名，「我幫全世界找出五種miRNA保證有用，因為外泌體究竟能不能發揮作用的關鍵，在於miRNA，無論你用哪種幹細胞培養，只要miRNA有用就行，就像人家常說，『英雄』（miRNA）不怕『出身』（幹細胞）低。」

從鼻涕中找到黃金

為了找出對神經修復再生最強作用的外泌體，杜元坤把飄在雲端的學術理論，化為臨床實證。他發現，過去幹細胞外泌體之所以無法成功應用在臨床治療，很大原因在於「找錯細胞」。

以往，研究學者使用的是間質幹細胞（mesenchymal stem cell，簡稱MSC），這種細胞可以從人體骨盆、骨髓腔或脂肪細胞等取得，然而，這些間質幹細胞所培養出來的細胞，無法有效生成神經細胞。

「如果把神經比喻成一條條的高速公路，神經斷了，路不通，我派工程救護車用間質幹細胞來搶通，想把這一條斷掉神經的高速公司補起來，卻發現變成豆腐渣工程，效果不彰，無法有效修復神經。」

從胚胎幹細胞、骨髓幹細胞找到間質幹細胞，經過不斷實驗與失敗，最後他得出一個結論，間質幹細胞所培養出來的細胞，並不是神經細胞，而是纖維母細胞，無法真正幫助神經生長。

既然這些幹細胞都不可行，杜元坤不斷思考，人體還有哪個地方跟腦細胞最近？有機會促使神經修復再生？「跟腦細胞距離最近的，還有眼睛、耳朵、鼻子和口腔。」

考量到口腔幹細胞容易感染，不是好的選項，若取用癱瘓病人的聽覺幹細胞、視覺幹細胞，萬一病人只剩一個耳朵可以聽、一隻眼睛可以看，癱上加癱，也是個問題。因此杜元坤最看好鼻腔幹細胞，「我們每天都在擤鼻涕，大部分都浪費在衛生紙上面，鼻腔幹細胞每天都在生產，取之不盡、用之不竭，正好拿來廢物利用。」

除了重押鼻腔幹細胞這個寶，其他細胞的可能性也沒放棄，就像大海捕魚一樣，全部灑網，所有細胞都嘗試做過一輪。最後證實，杜元坤的假設是對的，這些鼻腔幹細胞外泌體植入病患脊椎後，能轉變成類神經細胞，支持神經生長，表現一枝獨秀。

兩篇神經再生醫學論文領先全球

找到鼻腔幹細胞外泌體，整個心路歷程千迴百轉，「就像我當年接血管神經一樣，沒有老師，我就跟老鼠、兔子拜師學藝，全靠自己摸索。」杜元坤把豐富的臨床經驗和實事求是的學術精神發揮到極致，為病人找到最佳解方。

二〇二〇年，杜元坤成為全世界第一位將此論點刊登在知名國際期刊《Neurological Research》的發表者[1]，為全球神經再生醫學開啟嶄新的一頁。

如今，隨著《再生醫療雙法》於二〇二四年六月三讀通過，不僅為台灣再生醫療產業開啟新里程碑，也讓新療法能夠及早進入市場，對病患、醫界、生技產業是一大利多。

杜元坤預言，未來若病患的神經受損，不必再耗費數月時間進行幹細胞培養，而是直

---

1. Extracellular vesicles isolated from human olfactory ensheathing cells enhance the viability neural progenitor cells. 23 jul 2020

接找出個人適用的外泌體，將外泌體當作一種藥，植入人體治療，藉由再生醫學可以讓神經損傷治療簡易普及，為全球成千上萬失能癱瘓患者帶來一線生機。

二〇一九年，全球最知名的生物期刊《細胞》（Cell）曾報導，以細胞來講，有用的不是細胞，而是外泌體。這對成天談「細胞」的科學家們，帶來相當大的衝擊。

而杜元坤早在十年前開始研究、八年前到處演講，包括在台灣舉辦的醫學論壇中發表相關演說，由於研究內容太過先進，都被認為是瘋子。如今終於得以「正名」，也「證明」他的研究之路沒有走錯。

二〇二一年，杜元坤將此項重大發現，發表於知名國際期刊《Current Neurovascular Research》，成為全球醫學史上首篇成功分析人類鼻腔幹細胞、外泌體與小分子核糖核酸（miRNA）如何促進神經細胞再生機制的論文[2]。

如今，這兩篇論文已是提出用細胞可以作為異體移植的先驅者。杜元坤指出，第一篇論文是要告訴全世界，外泌體會影響一般的細胞，可以轉化成好的神經幹細胞，讓神經再生；至於第二篇論文就是找出神經細胞裡面表現最強的那五種 miRNA，無論你的細胞是胚胎幹細胞、指紋幹細胞、皮膚幹細胞……不管來源，只要有這五種幹細胞保證有用。之所以如此投入，只是為了「我想讓全球都知道，世界的外泌體研究中心在台灣。」

滴血檢驗，便能製藥治病

至於這些研究如何落實在臨床？杜元坤形容，「我可以變成一個miRNA的製造工廠！」簡單說，以後如果神經受傷，不用再拿細胞來培養等一個月，而是透過外泌體。在他的描述中，猶如科幻的情節，「我只要看你的體型、血型和基因，取一滴血、花一個小時，就能告訴你適合什麼外泌體，把外泌體變成藥。病人不用受傷後要等開刀，再等一、兩個月培養細胞……」

曾經有日本專家來台，看到竟然有一位「臨床醫師」花上億元成立自己的實驗室，而大吃一驚。杜元坤不以為意，他希望透過新的外泌體技術研究，發表論文讓更多人投入；

---

2. Human olfactory ensheathing cell-derived extracellular vesicles: miRNA profile and neuroprotective effect

再者，就是實際透過研究讓癱瘓、中風病人可以恢復；最重要是，讓這些病人知道，沒有一種病是可以完全好的，他們並不孤單。

看似瘋狂的創新之舉，卻充滿著理性與感性的思考。誠如賈伯斯所說：「只有那些瘋狂到以為自己能夠改變世界的人，才能改變世界。」台灣醫界賈伯斯杜元坤的血液裡，同樣流著「改變醫界，改變世界」的基因，也印證了賈伯斯另一句名言，「創新，決定了你是領袖還是跟隨者。」

第7章——再生醫學帶來新「膝」望

為什麼病人要痛兩次，還有沒有其他方式？

「外泌體可以應用在神經，那能不能應用在軟骨呢？」這是杜元坤在外泌體研究時，提出的另一個假設，也是他和薛宇桓師生倆積極進行的另一項創新研究。

膝蓋痛到無法走路、上下樓梯，連如廁都成為夢魘，退化性關節炎是許多長輩說不出口的痛。隨著國人風靡馬拉松運動，以及上班族久坐辦公室的工作模式，近年來關節炎的年輕化趨勢，儼然成為台灣新一代「國病」。

根據衛生署統計，台灣膝關節退化盛行率為一五％，全國超過三百萬人飽受此病症所苦，台灣六十五歲以上膝關節退化盛行率更高達五〇％，等同於每兩位長者，就有一人有退化性關節炎。

台灣每年需要更換人工關節的病人就超過兩萬人，平均每人每次的醫療費用，至少估計需花費六、七萬元台幣不等，退化性關節炎對病人日常生活造成威脅，可觀的醫療花費更造成許多家庭的龐大經濟壓力。

無法再生的膝蓋軟骨

針對關節炎問題，過往醫師主要視患者軟骨缺損與症狀嚴重程度，使用復健、口服藥物以及關節內注射等非手術療法緩解症狀，或是手術治療、更換人工膝關節。

不過，人工關節終究是外來物，不比自身軟骨好用。早在十多年前，杜元坤投入幹細胞外泌體研究，近年積極投入膝軟骨再生治療，期望讓飽受膝關節疼痛折磨的患者，能獲得新「膝」望。

「關節炎治療的最大挑戰在於軟骨再生。」杜元坤指出，膝關節不僅要承受身體重量，無論是坐、站、跑、跳等動作，皆仰賴膝關節才能順利完成，其中關節軟骨多數為「透明軟骨」，這種軟骨具有黏性及彈性，可以保護骨頭間的撞擊及傷害，功能就像汽車避震器。

然而，軟骨沒有神經和血管，一旦受損或受傷便無法自行修補恢復，症狀初期雖可透過復健、口服藥或關節內注射玻尿酸等非手術方式緩解症狀，但時間一久，軟骨缺損越來越嚴重，許多病患受不了疼痛，最終開刀裝上人工膝關節，術後雖然恢復正常行走，但跑跳、旋轉等運動姿勢，卻因此受限。

傳統療法僅能延緩關節炎惡化速度，無法重建透明軟骨，因而應運而生的「自體軟骨細胞層片」移植技術，正是解決此痛點的關鍵。

自二〇一八年九月，衛福部發布《特定醫療技術檢查檢驗醫療儀器施行或使用管理辦法》（簡稱《特管法》），開放自體免疫細胞、自體脂肪幹細胞、自體骨髓間質幹細胞、自體纖維母細胞及自體軟骨細胞等六項細胞治療技術後，由杜元坤領軍的義大醫院研究團隊，便積極申請「自體軟骨細胞層片移植」計畫。

自二〇一九年十二月才正式通過，成為國內首例非癌症細胞治療案，杜元坤便在隔年（二〇二〇年四月），締造全球最領先收案紀錄，率先收治第一名患者，也是目前全球收案最多的醫療團隊。

全球首位「自體軟骨細胞層片移植」

顧名思義，自體軟骨細胞層片移植是利用自體細胞再生軟骨技術，幫助患者治療膝關節軟骨受損問題，主要可應用在退化性關節炎、運動傷害、車禍外傷等導致膝關節缺損的患者。

經過評估，若患者的軟骨缺損在一定程度範圍內，醫師利用關節鏡手術取出病患的膝蓋軟骨細胞，並花三到四週在體外培養成細胞層片，接著再透過手術移植，把培養出的軟骨細胞層片像敷面膜一樣，覆蓋在患者軟骨缺損部位之上，既可修復缺損，同時還能讓軟骨細胞如樹木扎根般再次生長。

全球、也是全台第一例受惠患者陳先生，就是杜元坤的病人。喜歡打球、運動的他坦言，十多年來，走路時膝關節常常有刺痛感，打了五、六年的玻尿酸，也打過標榜可修復退化軟骨組織、沒有手術傷口，且不需要長期復健的自體血小板血漿ＰＲＰ療法[3]（Platelet Rich Plasma，簡稱ＰＲＰ），皆效果不彰。

二〇一六年左右，陳先生注意到一則國際新聞報導，提到日本有運動員以自體軟骨醫治手術，但是台灣仍未引進。陸續又從親友口中得知，一旦換了人工關節，頂多就是只能走路和簡單運動，因此打算持續打針到醫師說「換關節」為止。直到他在《特管法》發布後，看到杜元坤在媒體上提到義大率先展開自體軟骨細胞層片移植手術，重新燃起希望。

住在中部的陳先生形容，為了見這位全台最難掛的醫師之一，可是歷盡艱辛。當下一看到新聞，他立即上網掛號，卻只能掛到三個月後的門診。到了現場，和參與此計畫的薛宇桓見面，進行說明評估，又被告知得等專案核可，再行通知。

雖然當天看似無功而返，但是，「我現場聽過說明後，確信現在的細胞層片技術比當年新聞報導中的日本技術更好。」陳先生返家後，便和家人商量決定要進行手術。又一個月後，他看到衛福部《特管法》核准新聞。因為不想再上網掛號等三個月，他直接打電話

3. PRP療法係利用血液中的血小板和生長因子，促進組織修復和再生的一種治療方式，又稱為增生療法、回春療法或再生醫學療法。

到醫院，院方告知杜元坤看診當天會釋出少數現場號。等不及的他索性到高雄住一晚，凌晨四點就摸黑去排隊搶號。

他笑談，「杜院長和薛醫師都嚇到，怎麼還沒通知，我人就出現在診間。」當年五十九歲的他，現場也堅定的宣示，「我要用兩年的時間把自己膝蓋治好，將來用自己的腳來走路、運動。」

後來，陳先生的左腳先動刀，手術一切順利，開刀完隔天就能下床，開刀後第五天他還能用助行器、拉著行李箱，緩慢一步步走進高鐵站。從第一天的疼痛感到術後五十天，只見不到八公分的傷口，膝蓋可以彎曲自如。他非常滿意手術效果，隔年（二〇二一年）再次現身說法，提到家住十六層樓，如今可以靠自己的「雙腳」從一樓走到十六樓，一派輕鬆自在。

至今杜元坤團隊所締造的膝軟骨細胞層片臨床成果傲視全台，截至二〇二四年為止，義大醫院共收治六十九名自體軟骨細胞層片移植病患，手術成功率達百分之百，根據術後追蹤，絕大部分患者接受手術後六個月內，皆可恢復正常生活，明顯有效改善生活品質，免受更換人工膝蓋所苦。

解開免開兩次刀的祕密

只是對杜元坤來說，自體軟骨細胞層片移植手術仍有美中不足之處，那就是病人得挨兩次刀，第一次開刀是為了取出膝蓋軟骨細胞培養層片，第二次則是將細胞層片移植回體內。「我問自己，為什麼要讓病人痛兩次，還有沒有其他更好的方式？」

不忍心讓病人動兩次刀，杜元坤翻遍國際相關文獻。在做外泌體研究同時，也同步並進，「人類的嗅覺幹細胞對神經有效，對軟骨卻沒有用，於是我們就用誘導性多功能幹細胞（iPSC）。」他發現，誘導性多功能幹細胞能讓成熟的細胞，例如皮膚細胞或血液細胞，回復到類似胚胎幹細胞的狀態，具有「多潛在功能性（multi-potential）」，能分化為身體內幾乎所有類型的細胞，例如神經細胞、心肌細胞或肝細胞等，可以製造出皮膚、肝臟、心臟等人體器官。

杜元坤再次提出一個大膽假設：誘導性多功能幹細胞能夠產生軟骨，成為治療退化性關節炎的新解方。

於是二〇一九年，杜元坤開始著手培養誘導性多功能幹細胞，分離取出其外泌體，透過兔子進行動物實驗。他發現，誘導性多功能幹細胞的外泌體，不僅能減輕兔子十字韌帶發炎情況，還能緩和關節軟骨退化，印證最初的假設是對的。

隔年率全台之先，杜元坤應用誘導性多功能幹細胞之外泌體，成功治療二十名退化性關節炎病患，效果顯著。並於二〇二一年，宣布籌組「臺灣濟世慈善協會」，計畫創建台灣異體軟骨細胞庫，以嘉惠更多患者。

同時杜元坤與學生薛宇桓、陽明交大教授陳文亮等人，合力產出全球第一篇誘導性多功能幹細胞之外泌體應用於退化性關節炎治療的論文[4]，二〇二二年論文發表刊出，廣為全球醫界好評與肯定，在國際醫學研究舞台上，再次交出亮眼成績單。

杜元坤期望，未來將此技術擴大使用至肩關節、髖關節等膝關節以外的部位，病人不需手術，直接施打誘導性多功能幹細胞外泌體注入關節腔，以異體細胞移植的方式，幫助病友順利完成治療。

為了加速研究計畫實現，杜元坤特別提供一千萬元的「杜元坤工程生物獎學金」與陽明交大工程生物科學學院合作，從研究教育扎根，希望培育更多優秀人才投入再生醫學領域，助攻工程生物技術，為病人謀福利。

如今《再生醫療雙法》通過，再生醫學躍居醫療新選擇，其中，誘導性多功能幹細胞及其外泌體更是關注焦點，全台生技醫療公司如雨後春筍般出現，各大醫學中心資深教授紛紛跨足再生醫學領域，試圖「追美趕日」。

一路跟著杜元坤長達十多年幹細胞、外泌體的漫長研究歲月，薛宇桓最是佩服老師的遠見，誠如他現在常應邀至其他醫學中心演講時，總在簡報第一張就放上恩師杜元坤的照片，並且寫下「十年前，他在說這些東西都沒人相信；十年後，你們要相信的是他，不是我。」

---

4. Therapeutic effect of induced pluripotent stem cell-derived extracellular vesicles in an in vitro and in vivo osteoarthritis model,2022

第8章──「杜氏刀法」獨步全球之祕

創造醫學紀錄的意義，不是為了證明我比別人行，而是把希望的種子散播出去。

「自從發生車禍後，病人的手臂像是懸掛在肩膀上，一般就算開刀也伸不直，如今透過杜氏刀法，他的手肘可以伸直。對此日本醫師喻為醫學奇蹟！」

「這個原理是用呼吸來帶動。一開始，完全靠吸氣去帶動右手，現在把肋間神經（健側頸七，健康那一側的第七頸椎神經）接到臂神經叢受傷的地方，這是一條負責呼吸的神經之一，所以只要病人一呼吸，就會刺激到肋間神經，控制他的手位，即使病人在睡覺，每天二十四小時只要有呼吸，都在進行這個肋間神經的刺激與復健。」

這樣的對話，常在杜元坤的診間上演。一般人聽來覺得匪夷所思，無法想像什麼是用呼吸刺激神經？但是對臂神經叢受傷的病人與家屬，就像福音；對許多醫師而言，更似科幻情節。

在醫界，許多人看杜元坤彷彿是坐著時光機，從未來回到現代的「未來人」，將過去人們以為不可能的醫學創新，一一應驗。無論是從三十年前，剛開始自創顯微血管、神經重建、皮瓣移植等手術，被眾人認為是天方夜譚，現今卻成為世界主流；近十年，又投入幹細胞、外泌體研究，曾被視為異端邪說，現在卻搖身一變成為當今最熱門醫學趨勢。

很多人都猜不透，杜元坤是如何擁有這項「預知超能力」，能提前發掘出遠超過既有醫療知識範疇的新科學？

杜元坤坦承，自己當然沒有預知能力，全憑跳脫既有框架的「創造力」；他強調，強大「記憶力」只會讓人類原地駐足，但「創造力」卻可以造就讓世界前進發展的動力。

骨科跨到顯微手術有多難？

杜元坤對於醫學有著無可救藥的執著與堅持，自一九九一年六月成為骨科醫師開始，前十五年幾乎是個人苦行僧般的自我開發學習，投入顯微手術及臂神經叢重建之旅，研究論文、臨床工作無一荒廢；從二〇〇六年開始，更一頭栽進脊髓癱瘓重建的冷門領域，每個月手術治療脊髓癱瘓及腦中風病人，超過上百位。

厚積薄發，逾三十年來，臂神經重建醫學的發展歷經十二次革命，其中有八次來自杜元坤團隊，證明台灣的醫療水平領先世界。不論是最尖端的研究論文與豐富的臨床經驗，他自創二十五種「杜氏刀法」術式，獨步全球開創神經繞道手術，成為神經顯微手術專家，其中他發明的刀法更被寫進美國的醫學院教科書裡。

很多人好奇，顯微手術與杜元坤本科骨科差別在哪？到底難在哪？

傳統骨外科界流傳一句俗諺：「偉大的外科醫師使用較大的傷口。」(Greater surgeons take bigger wounds.) 早期施行大手術的外科醫師，礙於當時醫材器械不發達，因應疾病需求，醫師必須把傷口開大、開深，才能看清楚受傷部位和組織問題。然而，許多病人術後卻得面臨疾病本身和傷口癒合的雙重挑戰，造成術後併發症風險相對增高，影響預後療效。

相較傳統骨科強調「大」、「會接骨頭就好」，顯微重建手術正好相反，其精髓在於細、微，由醫師透過高倍顯微鏡進行血管縫合，人體血管直徑僅約三毫米（〇．三公分），但醫師得操作直徑〇．〇〇五到〇．〇一毫米的針具，在血管上縫六到八針。

這就好比在髮稍穿針引線，困難度極高，比一般手術要多花數倍時間，至少八到十個小時跑不掉，也極度考驗執刀醫師的眼力、雙手穩定性與專注力。至於顯微手術是用在何時？斷指、斷肢接合、皮瓣移植，或是神經重建病患身上最是常見。

是醫師，更是發明家

到底什麼是「杜氏刀法」？想要理解「杜氏刀法」的創新之處，可以一個病人的看病過程為例。

當有一位病人走進診間，告訴醫師，自己的手臂因為車禍受傷舉不起來，安排檢查後確認是「臂神經叢的五條神經都斷裂了」。

臂神經叢是由五條脊髓神經構成的神經叢，如果斷了，是不是接起來就好？沒錯，這就好像一條路斷了，直接對接確實最快，但是如果現場路況很差，該怎麼接上？是否安全仍是重要考量。「傳統作法就是斷掉接起來就好，但是成功率不到二〇％。」最重要是，通常臂神經叢斷裂往往是意外「扯斷」，不容易進行一對一定點接合，更添手術難度。

杜元坤解釋，臂神經叢治療一直是外科醫師最大的挑戰，因為臂神經叢受損後相當難進行修補，神經受傷範圍大，神經叢分布複雜，神經斷端結合的困難度非常高，且難以界定受損後神經斷端是否組織健全足以再生。

如果聽到醫師這樣說，如此低的成功率，難道病人就沒有其他希望，如果手術又效果有限，難道手就從此廢了？

「神經斷了，就好像原先車子要走的馬路斷了，我們只要繞道而行就好了。」這也就是後來杜元坤所創的「神經繞道手術」發想緣起。

但是，「原本我們在哪裡跌倒就要從哪裡爬起來，現在原地路況不好，爬起來還是會跌倒，所以就要去借。」整個概念就是將受損神經繞道接到遠端有血管的健康神經，精準且快速的完成神經功能恢復。

只是每條神經都好好的，怎麼借啊？病人難免會越聽越緊張，擔心變成更大的傷害？

根據病人所需要的不同功能項目，杜元坤的創新在於找到不同對應的神經作為「工具」，而這個工具箱中，包括第十一對腦神經（這也是他的最愛，修復肩膀專用）、肋間神經（可以讓手臂彎曲），或是知名的健側頸七（第七頸椎神經）……

「而且神經就像是台灣銀行，出借個一、兩億元並不會倒，我只是將『有錢』的神經，借一部分給『破產』的神經運用，但有錢的神經功能仍完全無損。」一語道破神經繞道手術的精髓。

臂神經叢重建革命家

屢屢創新，「醫界賈伯斯」杜元坤獨領風騷的八次革命，其中最早期的首項重大突破，是把臂神經叢重建手術應用在出生三至六個月的肩難產嬰幼兒身上。這類初生兒因孕婦產程不順，導致出生被拉出產道時，傷及臂神經叢。

過去醫界碰到肩難產嬰幼兒案例，考量到嬰幼兒手術風險高、神經復原能力較佳，大多會先採取復健方式作為優先醫療措施，但如果肩難產小病患後續復健不樂觀，往往錯失神經恢復黃金期。

杜元坤團隊採取的創新方式，讓年僅三個月大的嬰兒手臂功能成功康復，是國際神經重建的創舉，證實即便是嬰幼兒也能盡早進行神經修復，且更有利於提升恢復效果。

之後，針對醫界束手無策的「全臂叢撕脫傷」，杜元坤進一步發明「健側頸七神經移植術」，他的創新思維與突破，再令全球驚艷。

有別於傳統術式，杜元坤改取傷處對側健康神經，也就是頸部第七對神經，作為神經繞道路徑，大幅降低術後併發症機率，這個名為「健側頸七神經移植術」，成為當時世界唯一一篇隨機臨床對照試驗，此獨家技術更在國際醫療界廣為流傳。

自此，醫界不再視臂神經叢重建為畏途，病人也能夠重獲新生，不再只有一隻裝飾用的手臂。

後來，為了減少病患恢復期，杜元坤再度改良術式，在病人的氣管附近，找到距離更短的路徑，一來大幅縮減手術時間，二來幫助患者減少恢復期，從將近三年縮至一年半至兩年，這個「頸椎前路途徑搭配健側頸七繞道手術」的新方法，讓臂神經叢重建的恢復率高達八成以上，獲得顯微神經外科頂尖雜誌立即刊登，並且獲得全世界醫界的正面迴響。

獨特三重功能性皮瓣移植手術

杜元坤的醫學創新革命，除了在手術策略或觀念上，大膽的突破傳統，想到神經繞道的作法，更進而找到不同可以使用的神經，去因應不同的功能需求；甚至還落到手術執行面的精進，例如當A神經要接B神經的細節，自創出三重功能性皮瓣移植手術。

傳統過去進行手術時，只能透過腿部取一組皮瓣，杜元坤在研究過程中發現，若同時將功能性皮瓣，也就是神經周邊的血管、肌腱與肌肉組織一同轉移，就能有效提高患者傷肢恢復活動力的機率。

經過長時間鑽研，杜元坤發現一個區域能夠以最少的移植範圍，取到兩組功能性皮瓣，成功幫助患者受傷的手部，獲得更大的肌力，讓病人能夠真正達到生活自理，這個由他獨創的「三重功能性皮瓣移植手術」，幫助了許多錯過治療黃金期的手部受傷患者，重新找回生命的尊嚴。

杜元坤發明的這項手術難度極高，具備高度開創性，這項術式後來被收錄於美國醫學院教科書中。值得一提的是，杜元坤獨家研發「三重功能性皮瓣移植手術」這項創舉，讓義大醫院成為世界唯一可執行此項手術的醫學據點，每年吸引許多國際級名醫爭相慕名前來向他學習。

病患坐姿挨刀你看過嗎？

杜元坤在手術術式的創新中，還有一招，總是讓前來觀摩示範教學手術的外國醫師們嘖嘖稱奇。

那次，是一場在台灣舉辦的國際醫學研討會，邀請義大醫院、林口長庚醫院和外國來訪團隊，三方進行臂神經叢手術同步示範。當時三個手術室中，杜元坤團隊的病人並非平躺在手術台上，而是以「坐姿」開刀，看到如此「奇特又怪異」的場景出現眼前，讓見多識廣的國際醫界人士一片譁然。

為了加速完成手術，減少對病人的傷痛，杜元坤常發明許多教科書上找不到的奇特術式。過去一般常見的肩關節性手術、肩膀骨折手術，再到複雜的臂神經叢手術，醫界多半讓病患以躺姿進行開刀，迄今仍有很多醫師這麼做。而杜元坤改讓病患以「坐姿」進行手術，主要是因為這個姿勢，可以加快手術效率，同時縮小病人傷口。

這個奇想，來自於早年「屋頂上開刀手」的歲月，跟老鼠、兔子拜師學藝時的靈光乍現。

話說最早杜元坤當年在自家頂樓搭起「手術自修室」，自學接神經，用兔子與老鼠練習，但有一件事一直讓他感到困擾，那就是兔子與老鼠的淋巴結很發達，牠們一直在吃東西，淋巴結常常發炎，以致淋巴結腫大擋到杜元坤的視線，有時候飼養環境不良，兔子與老鼠出現肺炎症狀，會有一些疤痕攣縮，所以牠們的臂神經叢位置又小又窄，很難精準手術縫合。

為了解決這個問題，杜元坤靈機一動，乾脆讓兔子呈現坐勢，卻意外發現坐姿能夠有效擴大手術視野與作業空間，加快手術效益，當下他喜出望外，心想這個新發現總有一天一定會派上用場。

那麼病人平躺和坐姿挨刀的差別在哪？

簡單來說，把神經想成一條繩線，受地心引力作用，「人躺著的時候，脖子變得比較短，肩膀往上提，頭部與肩膀靠得較近，進行手術時，醫師的開刀視野有很大一部分會被下巴與頭擋住，此外，病人平躺時手部神經呈現放鬆狀態，會往體內深處垂下，也不容易找到。」杜元坤說。

如果病人平躺開刀，通常需要有一個助手幫忙把病人的手臂往下拉，才方便動手術。但是讓病人坐姿挨刀，病人的肺部會往下沉，脖骨到手部有一個三角位置空出來，可以增大手術視野空間，同時病人坐起來時，肩膀往下垂，手部往下垂放，神經會如同繩線被拉緊，浮出的位置更淺、更好找，醫師開刀傷口可以更小，大幅降低手術的困難度。

以坐姿挨刀的病人，只需要切兩、三公分的傷口，就可以處理好臂神經叢問題，但在其他國家，病人躺著挨刀，可能要開五、六倍大的傷口才能處理。

目前全世界開臂神經叢手術，由杜元坤帶動全球醫界仿效坐姿開刀風潮，這是「杜氏刀法」其中一項代表作，不僅飛躍式提升手術效率，更能有效縮小傷口，幫助患者加快預後恢復。

全世界最快、最溫暖的手術刀

透過杜元坤的變革，原本很多不可能或是做不來的複雜困難手術，變得簡單可行，他的方法跟教科書不盡相同，卻讓更多醫師也能更快學習與上手。

真要說杜氏刀法中有什麼外人難以學習的，或難以突破的「杜元坤障礙」，那就是杜元坤的一雙快手。

外科醫師和其他科不一樣，外科每一個動作對病人都是傷害，刀子一劃下去傷口就在，手術時間長短、傷口大小，都會影響病人預後存活率。外科醫師無不以「快刀手」為目標，當病人命懸一線，醫師要跟死神拔河，多一分鐘拖延，多一分失血過多、術後感染與併發症增加風險。

護理師始祖南丁格爾便曾在觀察日誌裡寫下：「有太多的手術危險程度，與手術時間長短，成正比；一位外科醫師的成功，和他們的速度，成正比。」

猶如「天下武功，唯快不破」的道理，「快刀手」是老天爺送給杜元坤最大的禮物。不管是美國、英國、義大利或是日本的醫界同業，看過他的手術公開示範，莫不欽佩稱羨，感到不可思議，公認他是「全世界開刀最快的醫師」。

以頸椎手術為例，一般醫師開一台刀大概要花四個半到五個小時，杜元坤從劃刀滑進去到縫合只要四十分鐘就可以結束。他歸功於是從小練小提琴學來的手指靈活度，以左手按琴弦、右手拉弓，「所以在開刀時，我的左手可以做跟右手同樣的動作，兩手都可以持針器。有一次不小心持針器掉地上，我還拿起鑷子夾起針，接著處理。」

曾有學生問杜元坤，怎樣才算是一個好的外科醫師？杜元坤說，病人失血少、恢復快、麻醉快、軟組織纖維化少、住院時間減少，能做到這五點，就具備外科醫師的基本條件。

但具備基本功夫，還不夠。求快，並非杜元坤穿白袍追求的終點，他不斷改良研發新術式，不當冷冰冰的刀匠，不當眼中只有賺錢的醫匠，他苦病人所苦，跟病人站同一陣線，拿的是一把「有溫度」的手術刀。

第9章——與病人的苦難同行

人類與病魔之戰從未贏過，但我只能讓病人保持尊嚴。

不挑病人、不分貴賤，杜元坤認為，醫師不只治病，還是治心，而同理心的展現，不是站在遠遠看，而是與病人共同揹著名叫「病痛」的十字架，一起負重前行。

給希望，馬來西亞神父的「馬尾」奇蹟

「對我而言，杜院長就像是神派來的守護者，替我保住下半輩子的安穩與尊嚴，我由衷感謝他。」這是來自馬來西亞的劉神父（化名），在杜元坤為他進行神經瘤切除手術後，回到教會布道會上的感恩致詞。

提起這位劉神父的手術，杜元坤直呼，「我大概這輩子的功夫都用在這台刀上面，雖

然講起來簡單，但真的進到手術房開刀時，只能夠用『膽戰心驚』形容！」

時間是二〇二三年底，劉神父因為重感冒而咳嗽不停，想要喘一口氣都難，奇怪的是，他發現只要一咳嗽，雙腿就像觸電似的發麻疼痛。起初以為是椎間盤突出問題，做了核磁共振（MRI）檢查才發現，他的脊椎上竟然有一顆六公分大的神經瘤。

最棘手的是，這顆大瘤恰好長在劉神父的「馬尾」處。

「馬尾」在哪裡？人體的腰椎第二節以下沒有脊髓，只有一條一條的神經根，外觀看起來類似馬尾巴，而被稱作「馬尾」。狀似「馬尾」的脊椎神經根叢，負責發送及接收骨盆與下肢的感受，以及腸與膀胱功能。換言之，人類無論腿部運動、大小便都由「馬尾」掌控，一旦此部位的神經根叢受壓而出現坐骨神經痛、腳麻，嚴重時還會出現下肢無力、跛行與大小便失禁等症狀，就叫做「馬尾症候群」。

起初劉神父透過運動、推拿、中醫針灸等方式緩解症狀，但一想到這顆瘤不斷在自己體內越變越大，如同一顆「不定時炸彈」，隨時會導致自己下半輩子癱瘓、大小便失禁，劉神父焦急不已。除了在馬來西亞當地，也透過教友在台灣四處求醫。跑了十幾家醫院後，醫師們異口同聲告訴劉神父，就算開刀切除腫瘤，但只要過程中稍有偏差傷到神經，極有可能全身癱瘓，沒人敢冒此風險。

劉神父陷入兩難之際，一位台灣北部的醫師建議他：「也許你可以到高雄找義大醫院院長杜元坤，他可能是你現在唯一的希望。」

抱著死馬當活馬醫的態度，劉神父透過各種管道，好不容易掛到門診，當他詳細說明自己的病況後，杜元坤自信滿滿的說：「我有方法可以幫你切掉腫瘤，而且神經完全不會受傷。」

劉神父一聽，驚喜交加。畢竟他已經被十多位名醫拒絕過，也清楚自己的病況，不論開不開刀都有極高風險，儘管杜元坤是他求醫以來首位願意為他動手術的醫師，但他內心依然糾結，不確定開刀是最佳解決方案。

深知病人的擔憂與害怕，杜元坤透過電腦模擬解釋病情，說明手術方式與風險。儘管劉神父深知開刀的難度，但看到醫師信心滿滿與詳細解惑，在聽完所有手術細節後，便不再猶豫，直接約好開刀日期。

手術當天，「我先將劉神父的脊椎整個切開，把馬尾神經一條一條分出來，並將壓迫到神經的軟骨切除乾淨，放入支架，像抱小孩一般，小心翼翼的將腫瘤成功取出，」經過杜元坤的妙手，手術僅僅耗時一個半小時，劉神父的馬尾神經叢完好無損。

手術隔日一早，杜元坤與團隊巡房時，劉神父不僅能夠坐起來吃飯，還能夠站起來自行如廁，對於劉神父的感激與讚美，杜元坤說：「我的工作是在幫助病人，解決他們身體上的痛苦；但您的工作更偉大，是解決人們心理與信仰的痛苦。」

劉神父漸漸康復，也順利出院，並且持續復健。返回馬來西亞後，站上三百多人的布道大會，與眾多教友分享他的重生，並拍成影片，讓全世界更多人見證奇蹟。

而以自己的時間與健康換取病人的健康，杜元坤總是勇於付出，也要成為照亮病人的那道光。

給信心，讓運動員重返競技舞台

二〇二四年七月，一位穿著運動服的病人低調進入杜元坤的診間，之後開始傳出熱絡的寒暄笑語，在看了檢查報告、確認下次回診時間後，病人離開診間前，杜元坤遞給對方一張紙條，上面寫著：

蕭翔文選手

加油！

以生命感動生命

這位病人，是當時即將代表台灣出戰夏季帕拉林匹克運動會（Paralympic Games，簡稱帕運）的跆拳道好手蕭翔文。他在日後，勇奪帕運男子跆拳道K44級五十八公斤量級銅牌，捷報傳來，杜元坤與義大團隊們歡欣鼓舞。

十月中，蕭翔文在三個月後的回診日再次現身診間，與杜元坤談笑風生。上次，他帶走「院長加持的鼓勵」；這次，他帶著感謝與獎牌分享給整個團隊。

蕭翔文這塊銅牌得來有多麼不容易，杜元坤最知道。五年前的蕭翔文，根本想都不敢想，有一天他還能穿上道服，再次站上世界舞台，跟世界好手競技。

二〇二〇年，當時年僅二十一歲、就讀中正大學運動競技學系大四的蕭翔文，原本擁有大好前途，準備參加國手選拔，孰料就在選拔的前兩天，他到跆拳道比賽現場擔任裁判，晚上騎車返家途中，被一輛機車迎面撞上。

這場嚴重車禍造成蕭翔文的肩膀、手肘、腳踝、頭部多處受傷，右手臂神經叢損傷嚴重，導致右上肢功能喪失，簡單舉起手臂都辦不到。一場車禍撞碎了他多年來的跆拳道夢，訓練停滯一年多，住在嘉義的他，從台中到台北遍訪名醫，始終不見好轉。身體的病痛讓他從此深陷低潮，開始自我封閉。

後來，蕭翔文的女友無意間看到杜元坤的新聞報導，希望蕭翔文再給自己一次機會。不忍見男友失意的她，努力上網想辦法預約掛到杜元坤的門診。

最終，蕭翔文答應接受杜元坤的治療。提起這一段曲折過程，杜元坤回憶，「因為他的女友說，這個醫師比較溫暖。多數醫師都是看著電腦片子跟他對話，只有我是唯一眼睛看著他們解說病情的醫師，也只有我親自為他檢查。」因為深切感受到醫師的關懷與自信，同樣身為運動員的杜元坤，也以自身經驗鼓勵他。

接受臂神經叢重建手術後，在持續努力的復健，與教練、親友的陪伴鼓勵下，不僅讓蕭翔文慢慢找回活動力，也重燃站上賽場的渴望，他找到新的人生目標，決定轉戰帕運賽場，成為帕運鬥士。接連在二〇二二年杭州亞帕運、二三年帕運世錦賽、二四年亞洲帕運跆拳道錦標賽與巴黎帕運賽事，踢出兩金、一銀、一銅的耀眼成績，開創新的人生軌跡。

蕭翔文脫離病痛重返賽場，更贏得榮耀。但身為主治醫師的杜元坤並不以此自滿，他希望有一天能夠突破手術天花板，結合再生醫療的力量，幫助更多像蕭翔文這樣受過傷的運動選手，不只是參與身障者帕運，而是能夠以健康身體站上真正的奧運舞台。

給尊嚴，讓癱瘓成為可治之症

並不是每個病人都有機會重回自己的舞台，杜元坤深知醫學的極限，但是他也深信，「人類對抗病魔的戰爭從來沒贏過，我們只能在取捨之間，讓病人保持尊嚴。」

過往醫界有句名言「Cure sometimes, treat often, comfort always.」（有時治癒，時常醫治，

總是安慰），杜氏新解則是「Cure few, relief more, comfort all.」意思是很少病人可以完全治癒，不過你可以減輕很多病人的疼痛，但是你要給予每個人關懷。他進一步解釋，雖然給予病人藥物、治療會解除對方的疼痛，但是不管最後這個疼痛是否解除，過程中醫師的態度很重要，那個關心有不同的層次。

「這就是我要切入的『尊嚴』，讓對方活得像個人，而不是需要別人服務。不只解除疼痛，還要保有活動力，尊嚴是不求人的。只是為了讓這些人可以感受到這樣的平等，還需要更多的努力。」而這也就是為何他總是挑別人不要做、最難的手術，為拯救癱瘓病人義無反顧，從術後的生活尊嚴去回溯，他還能做什麼？

醫學上所謂的「癱瘓」，分為高位癱瘓和中低位癱瘓兩類。高位癱瘓主要是頸椎損傷，影響手與腳的四肢行動；中低位癱瘓則是多半來自胸椎與腰椎受傷，導致人體下半身喪失活動功能。

以往，醫界總認為，脊椎腔內受損神經就如豆腐般，一旦受損就難以再接回去，甚至完全無法縫合，要讓病人再站起來，簡直是天方夜譚。沒想到，杜元坤把治療臂神經叢的神經繞道概念，應用在脊椎損傷病人身上，雖然手術時間長達八至十個小時，但成功率高達八〇至九〇％，術後病患透過三至五年的持續復健，就能大大增加病患恢復的機率，至今已讓超過三千位因臂神經叢受傷，及腰椎、骨盆、坐骨神經受損等病人痊癒。

讓病人生活自立、行動自如

「杜氏刀法」厲害之處，不僅能針對高位頸椎受傷，或四肢癱瘓病人進行神經移植，幫助其能夠恢復肩膀、手肘、手指頭動作，讓患者能自行吃飯、刷牙、洗臉；同時也能針對中低位脊椎損傷癱瘓病患，進行顯微帶血管神經移植，術後患者下半身，除了可以活動，甚至能自理大小便，維持基本生活尊嚴。

現年三十五歲的水電技師小梁（化名）就是最好見證。七年前，他因為騎乘重機意外與一輛貨車對撞，發生嚴重車禍，導致其左手及下半身失去知覺，左手臂和雙腿多處嚴重骨折，全身神經嚴重受損，腿上插滿鋼釘，動彈不得，只能躺在病床上。

「這個很難治好」、「會終生癱瘓」，就是當時遍訪各地醫師得到的答案，年紀輕輕的他原本扛著家計，人生從此變成黑白，如同被宣判「死刑」的小梁灰心喪志，想著下半生就是這樣，讓白髮父母也只能悲歎。

在親友介紹下，他抱著「死馬當活馬醫」的心情，前往義大醫院求助杜元坤。當時他的神經幾乎都壞死，甚至沒有痛覺，透過顯微手術進行脊椎神經繞道重建，並同時做多處受傷神經的顯微神經接合後，小梁終於重新站起來。

但是杜元坤想到做到的，遠比病人期待的更多。手術前小梁只有一個卑微的請求，就是能靠自己走到廁所如廁，就非常滿足。沒想到，術後他從被判定終身癱瘓到重新站起來，僅僅花了八個月時間，預後復健狀況甚佳，還可以騎三輪車自由活動。

打造一個無殘癱的世界願景

全世界最知名的癱瘓病人，是第一代的《超人》電影男主角克里斯多夫李維，他在成名後遭遇近乎致命的騎馬意外，導致脖子以下全部癱瘓，紀錄片《超人：克里斯多夫李維傳奇故事》更記錄下他沒有放棄人生，反倒成為具魅力的領袖和行動主義者，持續尋求脊髓受傷的解藥，並積極倡導身心障礙人士的權利和照護，猶如超人一樣傳奇的人生故事。

近年來，杜元坤更勇往直前，投入細胞治療研究領域，透過臂神經叢重建手術，結合幹細胞療法，治療脊椎損傷癱瘓患者。他發現，幹細胞上的外泌體與外泌體所具有的miRNA對於神經再生有顯著效用，可望在未來，大幅提高治療脊椎癱瘓及中風偏癱患者的效益，甚至讓癱瘓徹底擺脫「不治之症」的標籤，成為「可治之症」。

如果超人李維還在，應該有治癒的希望。杜元坤堅信，「台灣無殘癱，世界站起來」的美好時代一定會到來。

第10章——接住那些被放棄的病人

我無法站在高處，看別人受苦，卻無動於衷。

「院長，謝謝您沒有放棄我，我重新開始打拳了，這是我參加比賽的獎牌，我特地拿來獻給您……」一位被判定無法再上場比賽的拳擊手，一張黝黑俏臉掩不住渾身喜悅。

杜元坤診間裡的兩位護理師，感染到小帥哥勇奪獎牌的歡欣鼓舞，緊繃的工作情緒瞬間融化，忍不住接話：「院長，病人被您接完神經後都變得好厲害，那我們也想接神經，看頭腦會不會變聰明一點。」語畢，整個診間傳出不絕於耳的笑聲。

醫師最忌接二手病人？

杜元坤的診間經常出現許多被「開壞了」的病人，傾訴沉痛無奈心聲，眼神流露絕望，

「往往這些人看到我的第一句就是，被誰開刀失敗。但我會說，別講『開失敗』，是你『不滿意』而已，那個醫師也有很多成功案例。」甚至有些人時不時說出想自殺、不想活等輕生字眼。通常他們的絕望也來自「求助其他醫師」時被告知，回去找本來的醫師。

不要接二手病人，除了避免衍生不必要的醫療糾紛，尤其醫界特別忌諱「重工」，不肯收治開刀多次的病患，只要多一動刀，就免不了舊傷、新傷組織沾黏、感染、併發症等問題，若發生醫療糾紛，難以追溯源頭，究責不易，天底下沒有幾個醫師敢冒如此大的風險，為病人赴湯蹈火。

這些在一本脊椎手術神經外科的教科書都寫得清清楚楚，杜元坤說：「第一類不適合開刀的病人，就是已經被別的醫師開過刀的，這是教科書寫的，別人開過失敗不要開，因為這些開刀失敗的人，在心理上、身體上都受到傷害。因為開刀部位會沾黏，有神經恢復不完全的問題；加上心理上也失去信心，第一次開刀失敗了，接下來要他動第二個、第三個刀很難。」

「當很多病人在別家醫院或因為醫師的治療不滿意時，最後總會找到我。由我來做最困難的挽救與收拾殘局。」但是杜元坤從來不以為苦，更不怕得罪人，每當病人說實在太晚遇到他了，否則也不會受這麼多苦，他總會霸氣回答：「相見恨晚永不遲，力挽狂瀾趁此時！」

「我無法站在高處，看別人受苦，卻無動於衷。」杜元坤一語道破，自己無法坐視不管，都要努力接住這群病人，不然他們要找誰呢？但是他通常也會誠實的告訴對方，根據當時病況再次動刀不可能跟「正常」一樣，但是會比現在好。

只是這些受過不同傷痛的病人，難免還是會猶豫或擔心，覺得「那我就試看看」。但杜元坤總是告訴對方：「對我不是試看看而已，我是拚了老命幫你開（刀）。」

一張手繪圖，讓女孩重拾醫師夢

就讀醫學院的小潔（化名）便是一例。一進到診間，她語帶哽咽說：「我已經開過兩次刀，但情況都沒有好轉，手反而更痛，我到底該怎麼辦才好？」

小潔在高中時便立定志向，要成為一位良醫。為了擠進醫學系窄門，不分晝夜埋首苦讀，一天念書超過十多個小時，苦熬三年，如願以償進入夢想中的北部醫學院就讀。突如其來的一場病，原本多采多姿的大學生活，瞬間變了調。

因為醫學院的課業壓力不減反增，小潔更加用功，長期埋首書堆，姿勢不良的結果，加上沒有適度舒緩休息，導致頸椎神經受到嚴重壓迫。剛開始，她感覺手部靈活度變差，接著全身出現不正常的緊繃感，讓她喘不過氣，雙手時不時麻痛到難以入眠。

最後，小潔在北部某教學醫院緊急動手術，開完第一次刀，先前的症狀有所改善，好景不常，術後不到一年，劇烈的疼痛感再次襲來，令小潔痛不欲生，她改找其他醫師求救，動了第二次刀。

接連挨了兩次刀，小潔頸椎不適、雙手麻痛的情況，越發嚴重。身為準醫師的她，對自己的症狀並非不理解，但是從書本知識到臨床手術，卻沒想到如此令她心灰意冷。暫停課業的她，就在父母陪伴下，從北部到中部遍尋名醫。

某天，小潔搜尋網路關於頸椎相關醫療研究，無意間瀏覽到杜元坤的名字，看他靠著自創刀法，幫助癱瘓病人站起來，也是頸椎人工關節重建手術權威，這讓她萌生一絲希望，南下高雄，向杜元坤求救。

在歷經一連串的相關檢查，看完報告的杜元坤拿出一張紙，一邊畫人體頸椎圖，一邊向小潔解釋，她過往之所以手術後痛不欲生的原因：「妳會一直痛，主要有幾個原因，第一，之前手術裝的東西沒有癒合好；第二，患部出現鬆動；第三，妳的神經開了第四、五、六節，結果第三、四、六、七節，都已經發生位移……」

杜元坤的話才講一半，小潔就忍不住哭出聲來，邊拭淚邊說：「真的非常謝謝您，來這裡之前，從來沒有一位醫師像您一樣，願意細心傾聽我的病況，還一邊畫圖一邊解釋給我聽。只有您才是真正想幫我解決問題的人。」

從小住在北部，第一次來到這麼遠的醫院求診，初次見面就讓小潔深刻感受到杜元坤的醫者仁心，這次她沒有猶豫不決，不到一星期就馬上聯繫個管師，下定決心再動一次刀。

對於這種開刀多次的病人，患部沾黏情況嚴重，整個手術過程，杜元坤透過顯微手術，一步一步小心翼翼的將氣管、食道、血管等全部剝開，再置換適合小潔這種年紀使用的頸椎人工關節。

愛滑手機，衍生頸椎新危機

根據杜元坤觀察，像小潔這樣患有頸椎症候群的病人，近年來有增加的趨勢，而且年齡層不斷下降。他透露，門診每三個病人就有一個是因為頸椎問題來開刀。十年前，三十台手術裡，頸椎不到一台；但近十年來，神經外科每二十台手術，有十九台是胸椎加腰椎問題，其中一台是頸椎有毛病。

頸椎出問題需要開刀，原因不外乎智慧手機普及以來，低頭滑手機成了許多人的日常習慣。根據Electronics Hub網站統計，台灣民眾每天平均使用手機、電腦和平板等電子產品的時間，長達七小時十四分鐘，可能比大多數人的睡眠時間還要久。另外，根據研究指出，如果低頭六十度滑手機，頸椎受力達二十七公斤，等於把一個八歲小孩扛在脖子上。

頸椎神經壓迫問題叢生，過往的頸椎退化問題多半出現在五十到六十歲以上的民眾，現在不乏二十到三十歲的年輕族群，因為常落枕、肩頸痠痛難耐、頭痛、失眠等症狀就醫，一經診斷才發現是長期低頭使用手機及電腦惹的禍。

一般如果是第一次動手術的頸椎，大概需要四至五小時，最後杜元坤花了兩小時左右，順利為小潔完成手術。他解釋，平常頸椎的刀只要四十分鐘，但這台刀非常耗精神，多花了一小時。言談間，滿滿過人自信。

救回女強人門面，有臉見人

文娟（化名）是一位叱吒商場的女強人，在中部自營生意多年，拜訪客戶是每天例行公事。只是長期工作過度勞累，加上睡眠不足，開始出現顏面神經失調症狀，剛開始她感覺左臉麻麻的，後來竟然連簡單的微笑也做不到，嚇得她趕緊找醫師求診。

對必須見客戶的文娟來說，這張臉可是門面，為了確保自己能接受最好的治療，她在網路上尋遍各大醫院整形外科，最終選定北部某知名醫學中心，請名醫動手術。

豈料，術後第二天，後遺症接踵而至。剛開始文娟感覺臉部不對勁，一照鏡子才發現，原先下垂的左臉如今卻嚴重攣縮，臉部左半邊從眉毛、眼睛到鼻子全部移位，更糟的是，左手肩膀竟然抬不起來。

不解又焦急的文娟向主治醫師詢問，卻換來對方冷冷一句：「你們這種鄉下人根本不懂，這個手術做完本來就會這樣，有什麼好大驚小怪。」主治醫師的不耐煩，讓文娟縱有百般無奈，也不敢再多問半句，只希望過幾天就會恢復如初，肩膀也能活動自如。

本以為只是需要時間等待，但文娟奔波北上回診四、五次後，臉部攣縮情況絲毫未見改善，肩膀依然抬不高。她多次向主治醫師反應，甚至懇求對方她是要面對客戶的，這樣怎麼見人，也透露自己憂鬱到都想自殺了，仍然得不到解答。但是為了維持家計，也不敢讓家人擔心，她開始工作時候戴上口罩遮掩自卑。

直到COVID-19疫情爆發，戴口罩成為標配；當一般人覺得戴口罩是件麻煩事，對文娟來說，反倒是一種「救贖」。那兩年多時間，文娟不曾摘下口罩，吃飯、喝水時總是三口併兩口速速塞入嘴巴，她的雙眼也出現明顯的大小眼，自卑到不敢正面直視旁人。

過往充滿自信的文娟不見了，總是經常生悶氣、情緒潰堤，憂鬱、失眠症狀開始找上她。不忍妻子身心每況愈下，文娟的先生德順（化名）陪伴她，積極尋求其他醫師幫助，最終找到杜元坤。

第一次門診檢查後，杜元坤確認文娟先前手術的狀況，是為了處理臉部的問題，先取了大腿肌肉（自由皮瓣移植）來做，又把「第十一對腦神經」整個剪斷拿去接。

他娓娓道來，這個手術其實有兩個問題，第一就是把大腿肌肉接到顏面太強了，才會導致攣縮，可以取手部的就好，第二個是又為了取一段神經來用，而把「第十一對腦神經」整個剪斷，「這對神經是我拿來救很多臂神經叢、上下肢癱瘓的病患最好的『工具』，如今整個被剪斷接到臉上，加上大腿肌肉，這兩者的作用力是強上加強，所以臉上就會出現立即的問題（攣縮），肩膀也抬不起來，」其實，「這個神經有分支，如果是我會只取其中分支使用就好。」

於是文娟接受杜元坤的安排，進行第十一對腦神經繞道重建手術，術後三個月，文娟的左肩已經可以自然抬高，活動自如，令她又驚又喜，重新點燃心中希望。至於臉部攣縮問題，杜元坤則請文娟回去找先前的主治醫師協助。

事實上，在台灣只要有外科執照，任何整形外科都可做；杜元坤雖然沒有台灣的整形外科醫師執照，卻有美國整形外科醫師執照，所以要親自執刀沒問題，只是他並不會主動去碰顏面這部分。

修補好的，還有破滅的醫病關係

等到下次門診時，只見文娟哭喪著臉說：「院長，我真的走投無路了，我回去找之前的主治醫師，一坐下來，他第一句話不是關心我的病況進展，而是跟我談錢。」

文娟描述，那位主治醫師不願說明初次手術問題出在哪，反而毫不客氣再次開價數十萬，說是做二次整形手術只要用「五爪鉤」進行即可，這是整形外科常用手法，但是只要文娟再多問幾句，就會得到「妳懂什麼」的回應。她坦言，自己不是出不起錢，但是那位主治醫師的態度實在令人難以接受。

聽完文娟的描述，杜元坤先是勸說她需要克服心理障礙，相信醫師開刀後自己會康復。但是文娟卻委屈描述「那位醫師眼中只有錢」，於是杜元坤決定再伸援手，破例幫她進行整形手術。

「妳之前受的這些苦，我一次幫醫療界還妳一個公道。」術後，文娟左臉的攣縮情形不再，臉上的疤痕也巧妙被藏起來，外表難以看出，左眼不再緊繃，「院長真的是我的再生父母」，她猶如重獲新生，也重拾昔日自信。

每每談到這些病人，杜元坤總是難掩落寞，因為像文娟這樣的狀況屢見不鮮，多數人再換醫師時，更常得到「去找你本來的醫師，錢是他賺的他要負責」這種回覆，讓病人的身心受到重大打擊，也得面對龐大的醫藥費壓力，所以杜元坤總會不忍而「拔刀相助」，也用健保合理費用，希望他們能對醫界重拾信心。

手術失敗怎麼辦？

行醫數十載，身為一位外科醫師，杜元坤深知，有時不得不面對與承認醫學極限，即便一項手術成功率高達九八、九九％，仍存在一、二％的失敗率。

「如果真的遇到失敗，那麼最重要是不逃避、掩藏，而是坦然面對，用誠摯的心及誠懇態度告訴病患，並盡最大心力全力以赴。」杜元坤坦言，對所有外科醫師來說，面對疾病與死亡，是一場永不止息的戰爭。即使手術成功，還是有個令人防不勝防的「敵人」，那就是併發症所導致的死亡。

「我曾經為一位年輕病患治療大腿骨折，原本術後一切正常，後來卻突發脂肪栓塞併發症，病人最終呼吸困難而猝逝；也曾有位年長的病人來開完關節、脊椎等手術，一切都很順利，卻在出院前因其他併發症而離世。」

每每發生這種憾事，總是會讓杜元坤難以釋懷，甚至為了痛失病人而落淚，如今他相信「越接近成功，越要謙卑」，對生命態度也是如此。

第11章——帶台灣醫療打進世界盃

醫學不是為了個人，是為了全人類。

二〇二四年十一月中旬，第九屆亞太區的手外科會員大會暨學術研討會（9th Asia Pacific Wrist Association Annual Congress，APWA）在台北隆重舉行，曾經擔任理事長、名列世界手外科博物館（芝加哥）名人榜的榮譽主席杜元坤也帶著子弟兵登場。

原先兩天的會程，杜元坤不需要全程參與，但是，有位來自美國的貴客好友讓他特別排開行程也要見上一面。

梅約醫師眼中的「火星人」

亞歷山大．申博士（Dr. Alexander Y. Shin）是杜元坤早年在梅約醫學中心進修時的舊識。

提起兩人相識的過程，杜元坤笑談，那是一九九五年，他到了梅約後，每天窩在實驗室裡接小老鼠的血管，還有兔子的小腿血管，「這套『接血管』的術式是我在梅約學的，後來又自己慢慢研發調整得更好，這是後話。」

相較於正統醫學院出身的醫師，韓裔的亞歷山大．申是自陸戰隊退役的海軍醫師，好不容易取得獎學金到了梅約醫學中心，為了擺脫自己的「軍人」形象，儘管一知半解，仍毅然決然選定最難的神經顯微手術進行研究。

「那時候我的老師艾倫．畢夏（Allen Bishop）告訴他，那你先去實驗室看看到底什麼是顯微手術。」事後，亞歷山大．申告訴杜元坤，那是他這輩子最震驚的一天。「因為他一進到實驗室，看到我正在接血管，他問『你在接什麼』，我說『接老鼠的耳朵』，先切掉再接回去。」

「他驚訝的問我，老鼠耳朵可以接？我要他坐下看我做。」他當時問：「全世界應該只有你能做，我說應該還有別人可以做，但應該沒有人像我做得那麼高興。」杜元坤笑說，後來還讓亞歷山大．申看了一隻兔子小腿骨，看不出所以然的對方，當下覺得莫名其妙。

「那你在顯微鏡下看，小骨頭中間有一根很細的血管。只是對方還是說看不到，我只好把血管染色，告訴他那條比頭髮還細的紅色線條就是血管。接著我把那條血管剪掉，他又驚訝的問，為什麼？我回他，因為要讓你看我怎麼接！」

亞歷山大・申對此感到驚訝，尤其杜元坤提起自己每天會訓練自己重複接血管十幾次，於是他回家後告訴太太說：「今天在梅約遇到一個『火星人』！」隔天，他就告訴老師想跟杜元坤學。老師才告知，杜元坤也是這邊的研究醫師（Fellow），只能指定同一個老師，一起學習。

杜元坤說，亞歷山大・申是他少數服氣的人，是彼此一輩子的好朋友。這些年，他更陸續引薦許多學生到梅約向亞歷山大・申學習。

近三十年的交情，即使兩人相隔太平洋兩地，兩位梅約出身的醫師對於醫學的未來展望，卻走在一起。「十年前，我到骨科、整外醫學會講幹細胞，大家一聽想說在講什麼；兩年前，亞歷山大・申到台灣聽到我演講後嚇一跳，還問我什麼時候『偷做』這個。事後我才發現，他在美國已經做了四年研究，也沒告訴我。」

於是兩人暢聊從顯微手術到細胞，細胞到非細胞，還有外泌體、miRNA，也印證杜元坤的遠見與梅約的研究、實驗如出一轍，「當時亞歷山大．申笑談，我們兩個大概是當時會場三百多人中的少數，知道彼此在講什麼，而我還知道自己是沒有講錯的人。」

國際學生眼中「亦師亦父」

常年穿梭國際醫學會議，手術示範教學不藏私，杜元坤希望能有越多醫師學會困難手術，救更多病人。他濟世利人，不單台灣人受惠，更福澤天下。

在這場年度會議上，還有來自曼谷醫院集團的十個泰國醫師，他們都是清邁大學骨科教授卡尼特．薩南帕尼奇（Kanit Sananpanich）的弟子，特別為老師帶禮物給「師祖」杜元坤，信件開頭就是，「親愛的父親（Dear Father）」。

提起這位寶貝學生，杜元坤還記得卡尼特當初來台學習時的青澀模樣。他主要是來跟刀學神經繞道手術，一臉生怯的模樣，還被嫌棄手不夠巧、反應太慢，如今已經成為當地知名教授，也在清邁曼谷醫院擔任醫師，救人無數。

現任新加坡手外科理事長陳筱雯（Jacqueline Tan），也是杜元坤的得意門生之一。當年，陳筱雯獲新加坡衛生部（Ministry of Health，MOH）發展計畫獎學金，申請至義大醫院進行一年期的高級進修，專攻臂神經叢與高級顯微手術，回國後，成為新加坡首屈一指的權威。她至今仍會定期至義大進修，也經常寫信問候老師，信裡寫著：「您就像我父親一樣，對我的生命有著重大影響。」

東南亞的泰國、新加坡醫師，前仆後繼來台，向杜元坤學習臂神經叢神經繞道顯微手術，有其原因。理由一，近年來，隨著東協國家經濟起飛，泰國、越南、馬來西亞等國家的汽機車數量，也跟著飛漲，車禍事故自然增多。理由二，星、泰兩國競爭國際醫療龍頭寶座，多年來龍爭虎鬥，不分軒輊。新加坡是享譽盛名的國際醫療觀光國家，不只歐美、中東國家富裕人士，經常飛往新加坡尋求治療，就連鄰近國家如印尼、馬來西亞等國家，礙於國內醫療落後，不辭千里前往泰國、新加坡求醫。

值得一提的是，近年來泰國急起直追，挾價格實惠、觀光宜人兩大優勢，頗有取代星國之勢。而泰國積極努力衝刺國際醫療地位，鮮為人知的是，這當中杜元坤扮演推手，在背後默默推了一大把。

助攻台灣醫療團隊南進

以泰國四大醫療集團之首康民國際醫院（Bumrungrad International Hospital）為例，每年收治超過一百萬名患者，其中超過五十二萬人來自世界十九國。

大約二十多年前，泰國康民醫院開始朝國際醫療方向發展，找上杜元坤協助訓練外科醫師。院方把杜元坤的手術過程錄影，共錄製了二十支影片，作為院方訓練教材，成為骨科、神經外科醫師的必看聖經。

杜元坤不只幫助康民醫院訓練優秀人才，也協助泰國骨科界導入專科醫師考試制度，而在二〇一六年頒給杜元坤「皇家骨科榮譽院士」，感謝他對泰國骨科醫學教育貢獻卓著，協助泰國推展國際醫療，並讓他享有出入境免通關的尊榮禮遇。

因為泰國皇家榮譽院士淵源，杜元坤結識當地優秀醫師。當台灣政府大力推動醫療新南向政策之際，他便曾居中穿針引線，協助台灣醫療團隊前進東協。

當時為推動與新南向國家的醫衛合作與產業鏈發展，衛福部啟動「一國一中心」計畫，針對印度、印尼、菲律賓、越南、泰國、馬來西亞（兼轄汶萊）、緬甸等七個優先國家，委託國內七家醫學中心，辦理人才培育、產業搭橋、台商健康諮詢服務、營造文化友善醫療環境、產業法規及市場調查和資訊整合等工作。

正巧台灣中部某私立醫學中心想前往泰國康民醫院取經，參訪該院器官移植中心遭拒。康民醫院是上市公司，資訊保護密不透風，不肯輕易讓院內技術與設備曝光，更不希望增加一個競爭對手。急得如熱鍋螞蟻的帶隊醫學院教授突然想起，緊急致電杜元坤：「您是泰國榮譽院士，能否幫忙引薦一下？」這位教授算是杜元坤的老師，解釋了事情原委後，杜元坤回覆對方：「請給我一個小時。」

這名教授原本還半信半疑，只要一小時就能解決？沒想到，杜元坤篤定的說：「其實應該五分鐘就可以搞定，只是擔心對方有公務在身，不一定有空接電話，所以才會預計一個小時。」

杜元坤之所以自信滿滿，是因為時任康民醫院院長、副院長，都是他的學生。而對方之所以拒絕台灣的參訪，是擔心這家中部醫療集團要發展國際醫療，會成為未來潛在競爭對手之一。

「醫學不是為了你個人（for yourself），是為了全人類（for people）。」杜元坤告訴這位院長學生，康民醫院圖書館裡面二十支的手術示範影片，都是他不藏私分享，目的就是要拯救更多的病人，何況台灣的醫院發展國際醫療所收治的病人，與康民醫院的客層不見得重疊，反而可以共好，幫助更多人。

這席話成功說服康民醫院院長，讓中部這家私立醫學中心得以順利參訪，回台灣後，帶隊教授四處宣傳杜元坤「有義氣」、「在泰國吃得開」。之後，桃園某私立醫療集團也後腳跟著，順利前往康民醫院參訪。

杜元坤廣結善緣，在泰國打底多年，有機會為台灣醫療團隊新南向出擊助一臂之力，也算意外收穫。如同國際醫療交流的最大目的，在於發揮醫學的人道精神，醫療交流的影響力，除了治療疾病、分享醫療新知，更多的是建立一份無國界的情感與友誼。

第12章——醫援國際，東方來的天使

台灣在地圖上很小沒關係，但全世界都跟我們學。

三十年前，杜元坤發明健側頸七神經繞道手術後，寫下全世界進行健側頸七唯一一篇前瞻性、證據第一的隨機對照研究（Level 1）論文，此一創舉在國際間造成轟動，帶動全球超過七百篇研究論文引用，吸引來自世界各地的醫師紛紛來台取經學習，更讓台灣青天白日滿地紅國旗，登上國際整形外科界最佳期刊《整形外科》（Plastic and Reconstructive Surgery，PRS）。

之後，他又獨創「肋間神經繞道手術」，成功治療脊椎癱瘓病人，但此術式對醫學界來說太陌生、過去成功案例屈指可數，杜元坤自二〇一九年起不斷嘗試投遞研究成果論文，希望將此術式推上國際，讓世界各地更多病人得以受惠，但全都遭到拒絕，直到二〇二四年，此篇研究論文終於登上《世界神經外科》（World Neurosurgery）期刊，獲得同業認可。

杜元坤持續發表論文，也透過國際醫學論壇分享自己的研究、臨床，樂此不疲。醫療不分國界，哪裡有需要，他就往哪裡去，「我很喜歡現場示範，向世界證實台灣醫療絕對真材實料。」至今已經跑遍二十七國、超過兩百場。

征服里茲大學獲榮譽教授證書

二〇一八年，杜元坤受邀前往英國里茲大學教學醫院（Leeds Teaching Hospital），醫治一位脊椎右下肢全癱的女教授。

患者是因進行攀岩運動時不甚摔落，導致全身癱瘓，院方一直希望能尋求突破性的治療方式，在醫學論壇中得知杜元坤是箇中翹楚，於是邀請他前往當地為這位患者進行公開示範手術。

在事先掌握患者的病況後，杜元坤認為透過神經繞道重建手術，大有機會改善便答應院方。手術前一天，他到病房探視患者，對方因為無法行走，已經躺在病床上一年，因為動彈不得，更顯意志消沉，原本都要放棄自己的她，看到遠從千里之外而來的杜元坤，得知自己還有「希望」，於是神情激動緊緊握著他的手：「醫師，謝謝您，我的下半輩子就拜託了！」

「我當時為她同時做了合併對側閉孔神經以及腹直肌移植手術」，同步協助手術的醫院團隊看到神乎其技的「杜氏刀法」在眼前真實上演，直呼：「我們從來沒有看過這樣的手術，就像在變魔術。」甚至隔天一早，杜元坤特別去探視病人時，她的右大腿居然可以動了！

「女教授高興得一直哭，她先生握著我的手說，前一個月夢見上帝派天使來救他的老婆，果然今天見證神蹟。」其實對杜元坤而言，這當然不是神蹟，而是科學與醫學。看著感動的女教授夫婦兩人互動，也讓感性的杜元坤當下決定捐出上百萬的手術費給女教授的教會，「以後升天了，應該耶穌可以留一個地方讓我喝咖啡。」他一派瀟灑笑說。

而里茲大學教學醫院為了感謝杜元坤的無私精神與高尚醫德，也請他對全院進行演講，更現場頒發榮譽教授證書。此行，英國的公醫制度也讓他留下深刻印象，相較在台灣得要一天看診三百號的他，當地一個診只有五個病人，雖然收費高，但是團隊成員都很盡職，教授也能可以靜心做研究。

在完成手術後隨即返台行程，但杜元坤仍與里茲大學教學醫院保持聯繫，女教授一度因不見明顯改善，再次失去信心，但是在團隊的關懷與信心鼓勵下，持續復健，最終突破困境，在術後兩年，再次站起來。

到義大利救人的兩個東方人

另一次遠征歐洲，是在義大利威尼斯附近一所知名的神經外科醫院。杜元坤本來想，這家知名的神經外科醫院為何遠道請一位台灣的骨科醫師去，「原來邀清我的那位教授不認識我，是在一場歐洲的醫學論壇中聽到我的演講與臨床案例，而留下深刻印象。」

那位教授因為有兩個臂神經叢神經移植手術失敗的年輕病人，而且都已經超過三年未見好轉。聽過杜元坤的演講後，便向兩個病人的父親提及，有一位台灣的醫師擅長這類手術，請他來好不好？其中一位父親突然分享，前幾天做了一個夢，夢到耶穌、看到伯利恆之星，緊接第二個夢，說有兩位從東方來的人會幫助你的孩子。於是，這位父親馬上答應教授的建議，相信「杜元坤」就是那個東方人。另一位父親聽著聽著就問，那他的孩子是否能一起請這位醫師執刀？

「以往我出國示範都是獨來獨往，與當地團隊合作，但是我突然想到那位病人父親做的夢，是兩位東方人。通常這種刀（臂神經叢神經移植）沒有人可以一次開兩台，會很累。於是我就想到自己的開刀房助手徐德金。那次，是我少數出國手術帶助理，而唯一要求是讓同行的人一起搭乘商務艙。」杜元坤解釋，這是為了減少長途飛行對於體力與時差的調整適應。

到了當地，他們在手術前一天還特地前往威尼斯的大教堂，雖然徐德金在台灣是拿香拜拜的，但也跟著杜元坤一起跪在神壇前，誠心祈求上帝保佑兩場手術順利平安。

似乎冥冥之中自有安排，因為當地醫療環境與台灣差距很大，徐德金到了醫院現場一一確認檢查，才發現很多開刀要使用的器械、縫線都不對，都得趕緊去找或尋求替代品，手術也順利完成。

當時整個手術過程透過即時影像，直接傳送到醫學院的會議室，「兩台手術完成後，大概四點左右我們就抵達會議室現場，那時候才知道，我開刀同時還有一個房間在開頸椎還沒結束。」洋洋得意的杜元坤說，當院方得知兩間開刀房的手術項目與難度後，不僅嘖嘖稱奇，他還加碼爆料，「當天對方開一台刀（頸椎）的時間，他平時都已經開五台頸椎了。」更讓義大利醫師也為之折服。

「健側頸七」誰發明？

憑著獨創的「健側頸七」術式，揚名國際的杜元坤，靠著自己的精湛醫術到處遠征，也曾與中國醫學先進相互切磋，不僅讓台下聽講的中國顯微外科專家、也是中國工程院院士顧玉東大表稱讚，還創下另類記錄。

那是一九九〇年代，正好碰上冰封長達四十年的海峽兩岸關係解凍。一九九一年，附屬於上海復旦大學的華山醫院，是上海數一數二的三級甲等醫院（等同台灣醫學中心），邀請杜元坤前往進行學術交流。

受到肯定固然可喜，但是杜元坤有另一個擔心。原來北京「天安門事件」（一九八九年）發生之際，他在林口長庚擔任住院醫師，看到媒體報導後立即請假前往香港，與紅十字會趕赴北京協助醫療救援。他就像是個流浪醫師，不斷往返各醫院，協助醫治病人，甚至在遇上血荒時，年輕熱情的他還挽起袖子輸血。因此杜元坤怕當年的義行是否會引起官方敏感話題？

所幸，經過上海華山醫院院方積極協調斡旋，官方認同杜元坤此行有利中國醫療發展，允許他踏上中國土地。

華山醫院是一家百年醫院，尤以皮膚科、手外科、神經外科居龍頭地位。光是神經外科部門年手術量超過一萬台，開顱手術量居世界第一，是上海外籍與台商家庭最倚重的醫院之一。

只是飛越台灣海峽，風塵僕僕來到演講場地，杜元坤才剛開口發表「健側頸七」演講不到五分鐘，台下有聽眾站起來反駁：「這個術式的發明人不是您，是顧玉東老師。」

這名聽眾口中的顧玉東，於一九九四年當選中國工程院院士，從事手外科與顯微外科工作超過五十年，擅長手外傷修復與再造，他帶領的復旦大學華山醫院手外科，占有舉足輕重的地位。

在中國，顧玉東被視為「健側頸七」手術首創者，但在國際醫學殿堂人士眼中，中國醫界跳過動物實驗，直接將此術式應用在人體身上，違反醫學倫理，且並未在國際發表任何相關論文，故無法斷言此術式是由中國獨創。

雖遭到台下聽眾質疑挑釁，杜元坤耐著性子，繼續解釋如何透過「杜氏刀法」提高病患手術成功率。「在進行健側頸七神經轉移手術，最大的關鍵在於，擷取健康側的一小段神經，並非剪掉一整條神經，也就是我們常說的『方寸之間』……」這句話甫一出口，台下一片譁然，就連當時坐在台下的顧玉東，臉上也露出震驚不已的表情。

原來早年中國醫師在進行「健側頸七」手術時，是把健康側的頸椎第七節整條神經全部截斷，移植至受傷側，以致病患術後健康側的手肘不能伸直，手部像「哆啦A夢」一樣，五根指頭打不開，恢復功能不佳。

杜元坤在台上點出關鍵，連顧玉東本人都驚訝，「原來神經可以只拿一段」，大大顛覆中國醫界「健側頸七」手術長期以來的舊思維。

事實上，不只中國，歐洲國家也在做健側頸七手術，但病患預後多半效果不佳，杜元坤是唯一創新改良優化術式，且經過前瞻性隨機取樣（Level 1），並通過人體試驗委員會IRB（Institutional Review Board）審查的論文，是世界公認可信度高的創始發明人。

三天二十四場演講，中國院士也按讚

杜元坤在上海掀起「健側頸七」論戰，最後皆大歡喜。時隔八年，他再度踏上中國，展開一場飛越三千公里「北（北京）上（上海）廣（廣東）」的馬拉松教學，在中國骨科界掀起一陣旋風。

當時任職基隆長庚醫院的杜元坤受邀進行為期三天、共二十四場教學演講，首站來到廣州南方醫院，一路從骨科外傷、臂神經叢、顯微手術，講到如何做研究、寫論文，八大主題從早到晚，「不斷電」站足八小時。

當年中國醫界資訊流通仍相對封閉，在場數百名醫學先進、後輩，第一次接觸「杜氏刀法」術式相關概念，前所未聞，猶如一場震撼教育。

完成首日演講後，杜元坤馬不停蹄趕往廣州白雲機場，前往上海，為第二日的演講做準備。沒想到一到機場，杜元坤看見了幾張熟面孔。原來這些人剛才聽過廣州八場演講，得知杜元坤還有「下一場」，只聽一天不過癮，所以要跟隨「杜老師」的腳步，搭機到下一個演講地點。

為了不讓這票聽眾失望，杜元坤顧不得一天的疲累，在上海的飯店徹夜不眠，更改原本預備好的演講內容，去除重複主題，增添新議題，希望讓第二天在場的新舊聽眾都能大飽耳福。

第二天在上海華山醫院的演講，聽眾黑壓壓一片，杜元坤精神大為振奮，他笑稱自己是「瘋子」，最喜歡挑戰困難的手術，秀出一張又一張搶救生命的病例，包括他如何救回截肢病人，病人發願成為醫師，還有因車禍意外肚子被輾壓的小學，他重建為對方膀胱、大腸、生殖器官等，故事一個比一個驚奇。杜元坤在台上唱作俱佳，口沫橫飛，台下聽眾沒人離席，連廁所都捨不得去。

至於顧玉東本人，從頭到尾聽完八個主題，沒有離席。最後還告訴在場所有學生：「八年前，杜教授告訴我們健側頸七手術，我們的缺點，這次告訴我們臂神經叢、外傷重建、足癌等重症疾病，還有該如何寫論文、做研究。杜教授很客氣，說自己是瘋子，在我來看，他是老天爺派給我們的天使。」能得到中國院士級大人物當眾稱讚，杜元坤大受鼓舞。

圓滿完成第二日演講，杜元坤收拾行囊趕赴機場，準備飛往北京，進行第三天的演講。這次，跟著杜元坤來到機場的熟面孔，不減反增。

另類狂粉，搭機緊追聽演講

就像電影《阿甘正傳》一般，男主角阿甘不知如何面對摯愛離去，於是開始跑步，每跑到一個地方，就有一群人加入，尾隨群眾越來越多、不計其數……這樣的場景也在杜元坤的馬拉松演講過程中上演，來自台灣的「阿坤」每到一處，跟在後方的追隨者就默默增加，從廣州追到上海，再一路向北追到北京。

行程最後一站是北京積水潭醫院，以骨科、燒傷科著稱的三甲醫院。當天會場照樣擠滿數百人，座無虛席。杜元坤索性加碼大談醫學倫理，教導年輕住院醫師，如何增進表達與英文寫作能力，毫不藏私，讓眾人滿載而歸。

後來杜元坤也曾擔任北上廣幾家大學的訪問教授，至於當年跟隨杜元坤三千公里馬拉松聽講的年輕聽眾，如今各霸一方，不是擔任教授，就是院長職位，包括積水潭院長、上海六院院長，全部是他的學生。

醫療無國界，不論在哪個世界角落，杜元坤都用醫療實力證明自己，更不吝於貢獻自己所學、所會，拯救更多深受苦難的病人。他深信，一位好醫師，能力越大，責任越重，而他一直在身體力行的路上。

第13章——大疫過後的AI醫學未來

AI越發達，醫生越要謙卑。

過去幾年，杜元坤走過數次生死關頭；但對全人類而言，也遭逢一場世紀大疫衝擊甫獲重生。

二〇二三年五月五日，世界衛生組織（WHO）宣布：COVID-19疫情結束，這場歷時超過三年，超過六．八六億人確診、高達六百八十萬人死亡的全球疫情，正式畫下句點。

雖然台灣無法倖免於這場全球大疫之外，但是早在二〇〇三年，一場SARS（嚴重急性呼吸道症候群）風暴，就讓台灣醫界早已學會因應之道，得以超前布署。即使如此，當全台新冠疫情一度失控大爆發，確診人數激增，各大醫院醫療量能逼近崩潰邊緣，仍讓守在疫情第一線的醫護人員疲於奔命。

醫護人員遭感染、醫療人力大量出走、防護裝備短缺等難題接踵而至，考驗各大醫療體系的應變能力。

勤走急診打氣，親自上陣幫快篩

作為義大醫院最高防疫指揮官的杜元坤，率先帶頭接種疫苗，建立社區疫苗接種站，設有社區篩檢站，協助民眾進行公費快篩、ＰＣＲ採檢，並進一步成立快篩評估門診、兒童及成人特診等一站式服務。

照顧病人之外，他心心念念還有院內的醫護人員。「那時候，我真的沒想到急診室成為破口，」因為當時只要有上呼吸道症狀的病人，無法進到一般門診，通通都得到急診先做處置，「老實說，當時整個急診變成一個疫區，別說食物，連送相關醫材送來，我們都得自己出去搬。」回顧當時，急診室護理長魏靜兒依然難掩激動。

尤其聽到院內傳言「急診很髒」、「急診不乾淨」等話語，讓魏靜兒和在急診室奮力抗疫的醫護人員，更加感到挫折委屈。「當時很多主管不敢到急診室，只有院長願意走進急診，而且那段期間幾乎每天都來。即使他星期二看診很忙也一定會抽空過來走走。其實只要他親自來，跟現場護理師講講話，都是很大的鼓勵和支持。」魏靜兒說。

照護急診醫護的心情外，即使人力、物資緊縮，杜元坤仍嚴格訂下「安全守則」，提供充足防護口罩數量，以便醫護人員每四小時更換一次口罩，同時要求護理人員上下班交接，時間不要太長，以減少感染機率。

醫護人力短缺，杜元坤就親自跳下來，穿起全套防護兔子裝，協助大排長龍的病人進行快篩。尤其疫情發展嚴峻，各大醫院開刀數量急速下降時，杜元坤的手術台數也跟著減少，甚至一度出現史無前例的「空床」狀況，但很快又恢復常態，每個月還是平均有八十台手術等著他。

每回進到手術房更是如臨大敵，杜元坤描述，在手術衣外，還得再套上隔離衣、防護面罩、手套、口罩，全身上下包得密不透風，在不到二十度的手術房裡，隔離衣卻讓醫護人員的體表溫度高於攝氏三十五度，悶熱難受，每每完成一台手術，都像洗了一場澡，全身大汗淋漓。

開刀的手沒停，杜元坤走動巡房比以往更加勤快。每日上午七點半一查完病房，他便從三樓開始，一層一層往上爬至十三樓，到各樓層單位為現場的醫護人員鼓勵打氣。

裡裡外外打點義大，成為南部防疫重鎮之餘，當時屏東一度出現全台灣 Delta 變種病毒第一例確診病例及群聚感染案，屏東枋寮醫院緊急暫停急門診，得知消息的杜元坤，了解枋寮醫院的迫切需求後，立刻自掏腰包，捐贈數百萬元購買兩座負壓隔離艙給枋寮醫院，並協助後續相關裝設事宜。

從 SARS 到 COVID-19，沒人知道是否還會有新的流行病發生。但可以確定的是，杜元坤已經帶領團隊都隨時做好準備，院內設有自成一格的負壓病房，等於在加護病房內再隔離一小區，設置負壓病房專區，裡面有負壓可以治療，還備有開刀房，既可以照護病人，也可以保護醫護人員，一舉兩得。

如今疫情遠颺多年，杜元坤坦言，COVID-19是老天爺給人類的教訓，「人類不照天道走，世界就不照天理行」。人類做很多科學上的突破，但有些人為研究，不一定對人類生命健康有助益，身為醫療科學家，他堅守「人類不能破壞大自然秩序」這個道理。

AI時代的醫護人員角色

全球的COVID-19疫情帶來破壞，也帶動新商機，包括遠距醫療、智慧醫療產業近年來蓬勃發展。

當今AI人工智慧與醫學高度結合的應用，如雨後出筍般出現，成為解決醫界「三長兩短」(病人掛號、候診、領藥時間長；醫師幫患者看診、解釋病情時間短）的神助攻，醫病關係有了全新改變，AI醫療診斷更廣泛應用於臨床診療。

以癌症醫療診斷為例。過去在癌症診斷流程中，為了判別癌症類型與分期，必須經由院內病理科團隊，人工評估核磁共振、電腦斷層掃描等檢驗報告。現今AI能夠依病理與檢驗報告，快速預估判斷病患所得到的癌症類型與分期，還能進一步針對病情狀態分析，給予藥物治療建議，大大幫助醫生節省診斷過程，以及搜尋治療方法的時間，幫助病患獲得更加安全方便且準確的治療。

杜元坤認為，無論是醫護人員，或是病人，皆是AI及醫療資訊化的受益者，因為醫護人員的角色並不會因此被ＡＩ取代，而是需要「轉換」。「ＡＩ越發達，醫生越要謙卑。」身為醫者，杜元坤認為，「要讓ＡＩ成為最佳助手，而不是主導者，畢竟沒有人去看病時，只想與冷冰冰的ＡＩ機器人對談，人與人接觸的醫療更有溫度。」醫護人員與病人面對面交流，一句關心的話、一個眼神的交會，能讓患者感受到醫者真誠的關懷與溫暖，這就是所謂的「有溫度」。

他強調，至於醫師的角色要成為一個轉譯者；把ＡＩ所做出的診斷結果與治療方針，轉換為病人聽得懂的語言，讓病人了解自身病況，選擇最佳治療方式。「ＡＩ科技並不是讓醫生休息怠惰的藉口，而是讓醫師專心將心思放在病人身上，使患者能獲得最佳醫治的利器。」

大疫過後的創新醫療技術

從傳統醫療走向ＡＩ智慧醫療，正如全球肝臟移植先驅史塔哲（Thomas Starzl）曾說：「醫學的歷史通常是昨天認為不可思議的，今天也很難達成的，往往明天就成為常規。」

醫學史上的每一步躍進，往往是將「不可能」化為「可能」的里程碑。杜元坤的字典裡沒有「不可能」三個字，他利用顯微手術重建血管、神經，讓病人不再只有截肢一條路可走，他獨創發明神經繞道手術，讓中風、癱瘓患者還能有機會再站起來。

為對抗不治之症，解救現有治療方式但預後效果不彰的病人，近十多年來，杜元坤積極投入幹細胞、外泌體等再生醫療研究，透過另一個全新視角，尋找治癒病患的希望。

有別於傳統「先破壞、再重建」，以藥物或手術，改善病患症狀、延緩病程甚至切除病灶等治療方式，再生醫療較為著重「人體自我重建」，藉由培養健康細胞，將細胞放入人體內，仰賴人體自身再生能力，以修復受損的細胞或器官組織。

隨著《再生醫療法》三讀通過，開啟台灣再生醫療新紀元。杜元坤預言，再生醫療可以讓癌症、中風、癱瘓和嚴重外傷等現代醫學棘手難題，找到突破困境，同時「異體移植」也將成為再生醫療主流，成為明日之星。

在不久的未來，不必再擔心器官捐贈數量不足，或者需要人與人之間的器官移植或捐贈，更不需要犧牲實驗室裡的豬隻進行器官移植手術。下一個世紀的「異體移植」最新治療，不用殺老鼠、殺豬，只需要利用誘導性多功能幹細胞（iPSC）外泌體作為培養載體，就能製造出諸如心臟、肝臟、腎臟等器官，再將培養出的全新器官，重新植入人體內，幫助人類延續生命。

杜元坤預言，以上都不再只是科幻電影裡的場景，最快極有可能在五年之內，發生在你我周遭。

請問，杜院長：
您是否也曾焦慮、恐懼，如何面對？

我從小好勝心就強，只有當第一、沒有拿第二的，所以，怎麼可能沒有過焦慮或恐懼的情緒？

舉例來說，我從小就常參加小提琴比賽，即使已經是全校第一，但台南市還有很多優秀的音樂班學生都很優秀，每次比賽前都會覺得緊張，如果對方在比賽中出奇招、萬一輸了怎麼辦？後來大學聯考沒考上臺大，又面對父母入獄、家裡的債務問題，在醫院碰到沒有開過的刀……各種問題層出不窮，都會令人感到焦慮，但是要怎麼辦？難道可以丟下不管？

對我而言，這種心情就像是被逼到懸崖邊，沒有退路，只能奮死一搏，因為一旦認輸投降，就只能一輩子屈服。就像被土耳其知名獵犬坎高犬（Kangol）成群追捕的狼王，在懸崖邊的最後一戰，只有贏和跳下去的選項，沒有俯首稱臣這回事。

以我的個性和成長教育來說，根本沒有輸的權利，所以面對焦慮的方法就是正面迎戰問題，不要閃躲，因為躲也沒有用。如果擔心比賽會輸，那就加緊練習，不論是小提琴比賽、橄欖球賽，或是面對病人的病痛，只有讓自己更強一途！

面對焦慮與困境，我通常會先調整心態，第一步冷靜分析，當下哪一種狀況可能會贏或會輸。接著，找出對方的弱點開始布陣，最後殺出重圍。

以我考上北醫這件事情來看，考試已經是定局，既然無法殺出重圍，那進到學校後就要想，之後怎麼辦？所以我開始組弦樂隊、打橄欖球，用自己的方法豐富自己的人生。

再說我家裡的債務問題，父債子還。從小家裡就教育我可以自己做的事情，為什麼要別人幫？當然，求助別人一點也不丟臉。何況當時我有些同學早就執業有成，以我的信用來開口借錢都不是問題。但是，只要我評估自己可以做到，那麼就自己來，最終確實也憑一己之力，還清負債。人生如此、工作也是如此。

第3部

從我變成我們

第14章——把杜「氏」刀法變杜「式」刀法

成功不在贏過多少人，而是幫過多少人。

論個人醫學成就，年輕時的杜元坤百分之百是個「衝線手」，一站上舞台就是聚光燈焦點，他追逐成功，在國際各大醫學會上示範手術，展現高超術式，贏得滿堂彩。但現在的杜元坤更樂當一位「破風手」，走在前方擋住所有困難，引領學生們向前衝刺，更期盼身後的子弟兵能夠超越自己，青出於藍更勝於藍。

猶如在自行車賽事中，衝線手永遠都是那個萬眾矚目、奪冠奪標的舞台明星，破風手更令人敬佩之處，在於扮演著「犧牲小我、完成大我」的助攻角色。「過去，大家把我自創的手術稱為杜『氏』刀法，代表只有我杜元坤一個人會，但我一個人會還遠遠不夠，最好更多人都會，所以要改成杜『式』刀法，只要有人願意跟著我學，更多醫師學會了，就能拯救更多病人。」

嚴格教學，對醫學沒有一絲讓步

外科向來是師徒制，儘管有許多手術聖經、開刀指南，但書是死的，人是活的，每位病人的臨床狀況不盡相同，每一台刀都是全新的，一位優秀的外科醫師不僅要當機立斷，遇到突發狀況還要隨機應變，全賴臨床經驗累積，而見多識廣的老師如同學生心中的一盞明燈。

手術室，猶如杜元坤的聖殿。不像醫療電影、影集中，當主角名醫一走進手術室，就奏起主角最愛的音樂，在樂聲節奏中展現驚人的開刀技巧。但熱愛古典音樂的杜元坤，只要一走進手術室，反而是鴉雀無聲，他形容自己在手術進行中的專注程度，「現場要安靜到讓我聽得見血液流動的聲音。」尤有甚者，也不准有人噴了香水踏進這個聖殿之中。待過杜元坤身邊輪訓的醫護們，深諳此理，沒人敢造次。

而且每一台刀要多少時間，他總是精準達成，「人命關天，與其說是時間管理，不如說是我對自己每台刀的信心，也是對每位病人負責。曾經有中華民國管理科學學會負責李國鼎管理獎章的評鑑人員看到我的手術班表，表示不敢置信，還真的來進行查核我的時間管理方式，後來果真見識到了。」

杜元坤自我要求甚高，在學生眼裡是出了名的嚴師，住院醫師們更是戰戰兢兢，好比參加戰鬥營一樣，「沒有最操，只有更操」。尤其開刀動作不夠確實或稍有遲疑，馬上就是一頓排頭。

曾有個笑話說：「十個外科醫師，九個急躁暴怒，剩下一個不教書。」外科醫師急著搶救病人生命，永遠在跟時間賽跑，舉凡疾言厲色、恨鐵不成鋼、暴躁如雷等，都是外科醫師的標籤。

跟在杜元坤身邊超過十年的薛宇桓，感受最為深刻。他透露，還是菜鳥的時候，聽到老師罵學長、罵助手，現場氣氛瞬間凍結，不過被罵、被糾正過，再困難的「杜氏刀法」術式、動刀順序、細節、注意事項等，印象特別深刻，也提醒自己同樣的錯誤絕不再犯。

「杜老師」帶過的學生，幾乎難逃被「大聲關心」的命運，大夥兒空閒時聚餐，最愛互虧「你今天被罵了什麼」，還會比較誰被罵得最難聽，「杜院長罵人金句」成為年輕醫師們，茶餘飯後互相打氣療癒的最夯話題。

像是薛宇桓經過「杜罵」千錘百鍊，自認已練就金剛不壞之身，但他透露，被老師「電」就算了，還曾當著外國醫師的面被「洗臉」，更讓他一輩子都忘不了。

那次，是一位韓國醫師一起進手術室跟刀，要觀摩的正是杜元坤享譽國際的臂神經叢顯微重建手術。杜元坤先讓學生處理神經分離，等到他回手術台，一看到病人的狀況，就現場破口大罵：「剛剛是誰做的？出血這麼多，神經分得不乾淨，技術很差，完全不夠格……」而且中文罵完，直接轉換英文再罵一遍，雙聲帶開罵，讓一旁的薛宇桓羞得恨不得鑽到地洞裡。

有趣的是，踏出手術室，韓國醫師輕輕拍了薛宇桓的肩膀，安慰說：「沒關係，我在韓國的教授也是這樣對我的……」兩人惺惺相惜。

所謂「嚴師出高徒」，恨鐵不成鋼，杜元坤再三鞭策，徒弟們穩扎馬步的功力，果然不給漏氣。

曾有一位外國醫師來台學習神經重建手術，剛開始獨自嘗試主刀，但動作卡關，施展不開。直到薛宇桓進入手術室接手後續作業，一刀一式，精準流利，分神經、接神經，整個手術過程瞬間變得流暢，令對方大開眼界。

這名外籍醫師一出手術室，興奮的對薛宇桓說：「你就像一名game changer（改變形勢的關鍵人物），讓原本寸步難行的局勢，一下子迎刃而解。」

就像武俠小說的男主角，跟著師父在深山日夜苦練，每每挨罵遭批，常常懷疑人生，看不到盡頭，不知道何年何月可以出師下山。薛宇桓直到外籍醫師的回饋才驚覺，在老師多年來嚴謹的高標調教下，不知不覺功力大增，如今已可獨當一面，有大將之風。

鼓勵後輩，重寫「師生分帳」制度

杜元坤教學嚴厲，也愛才惜才。人命當前，他毫不留情，但私下卻對學生照顧有加，就連薪資制度也與業界背道而馳，獨創「學生八成、老師兩成」的手術分帳模式，顛覆業界長年潛規則，為新一代醫界新血爭取相應勞動權益。

「很多老師仗著位高權重，認為你既然是我的學生，就理所當然要幫我做事，不要說沒拿一〇%，有時候整台刀都是學生開的，卻只算老師的業績。」杜元坤忿忿不平表示。

白色巨塔長年默認「金字塔模式」的薪資潛規則，凡職位越高者，即便貢獻度有限，依然能夠坐領高薪，有些手術掛老師的名字，但實際上真正負責為病人開刀的卻是學生，而且業績照樣算老師的，杜元坤對此業界生態無法苟同。

堅持「公道」行事的杜元坤，只要掛上自己名字的手術，從不假手於他人，親自操刀，若有其他醫師共同參與手術，也謹守對分原則，絕不占人便宜。

「合理的分配薪資，才是對每位醫師真正的尊重。」所以，在義大醫院是實施「偏微分」薪資算法，也就是不採用傳統的均值化方式，而是綜合考量每位醫師在教學、手術、研究等各項領域的貢獻程度，以此決定薪資。

「偏微分」薪資算法就像在做性向測驗，不會單單只針對其中一項領域，而是進行多元化評估，杜元坤舉例，當某位醫師到醫學院從事教學的工作時數越長，花在替病人手術的時間就會被限縮。以往薪資計算只著重手術業績，現在則是將教學、研究等工作一併考量，讓每位醫師的薪水計算變得更客觀公平。

杜元坤不僅破除醫界陋習，讓新進醫師的薪水能實質提高，他實施「八二分帳」模式，將八〇%的手術分潤給學生，自己只拿二〇%，以真正落實勞逸平衡，更是破天荒創舉。而薛宇桓就是「八二分帳」下的受惠者。他說：「杜院長把病人當親人一樣盡心醫治，對學生就像在教導自己的兒女，總是想著照顧我們。」

在醫療傳承這條路上，杜元坤堅信，所謂師者，所以傳道、授業，解惑也。帶人需先帶心，而幫助學生名利雙「顧」是他的教學原則，一位醫生要做到名利雙「收」是不可能的事，人生有捨才有得，做到雙「顧」找到平衡點，才是實際長久的作法。

傾其所能傳授畢生絕學，祭出高薪留才，杜元坤傳授的不只是專業技術，他眼光看得更遠，希望學生站上國際舞台，發揮台灣醫療影響力。

國際化的杜氏俱樂部「Tu's Club」

每週二、五早上七點十五分一到，杜元坤準時現身院內的大會議室，親自主持骨科部晨會。從部長、科主任，又或是住院醫師、主治醫師、護理人員等早已就定位。「曾經有人遲到一分鐘，我就叫他罰站。一開始大家都很痛苦，現在習慣了，誰敢晚來，我就瞪他！」

按照慣例，每次晨會皆由兩位醫師進行專題報告，上台報告並不稀奇，但令人訝異的是，整場會議不曾聽到有人講出一句中文，而是以「全英文」進行報告。

「我堅持要求會議中一定要用英文報告，不只是訓練學生外語表達力，更是為了幫助他們站上國際舞台。」杜元坤在長庚期間，就看到整形外科以全英文開會，那骨科為何不行？因此他立下志願，有一天，骨科醫師也要都能以英文會報。

此外，早年的亞洲醫師想要打進以美國為主流的國際醫界頗具挑戰，但杜元坤從小在臺大外文系母親的栽培下，以過人的語言能力，不服輸的精神與精進自己的手術技巧，成功受邀至各大國際醫學會演講，成為全球醫界的佼佼者。

這些經歷讓杜元坤意識到，台灣醫師要走向國際舞台，除了精湛醫術，更需要流利的外語表達力，才能在國際場合擁有話語權，於是他在義大醫院骨科首開先例，以全英文會議報告，也招收外國學生，增加國際可見度。

如今訓練有素的杜氏子弟兵，即使站上國際醫學會舞台也毫不怯場，甚至能以英文暢所欲言，台上台下都是全場焦點。如何證明他的努力有成呢？

二〇一九年，杜元坤為台灣爭取到首次在台舉辦亞太手外科年會。原本共同承辦的國際委員認為，年會選在台北舉辦較為方便，但他卻力排眾議，最終成功說服眾人移師高雄在義大醫院舉辦。

來自中國、日本、韓國、新加坡、澳洲等會員國，近五百位的手外科醫師齊聚，作為亞太手外科大會主席的杜元坤，還邀請曾來台跟刀學習、來自世界各國的杜氏子弟兵們回娘家，不乏各國醫學院校長、大醫院教授、醫學會理事長等級的翹楚，都在老師一聲號召下，不遠千里前來共襄盛舉，現場分享「杜氏刀法」在各地生根救人的故事。

「我們和這群外國醫師都暱稱自己是『杜氏俱樂部』（Tu's Club）」，薛宇桓透露，過往晨會被訓練的外語能力都派上用場，除了在現場和各國與會教授、高手暢所欲言、少了語言隔閡更顯熱絡。「更重要的是，在這樣的國際場合才知道，原來老師這麼厲害，只要一講我是Dr. Tu的學生，都會被許多外國資深醫師另眼相待。」

學生，你要比我強

「打敗你的老師，是最爽的事情。」這句話杜元坤常常掛在嘴上，也被認為過於狂妄自信，「人緣一直不太好」，「有些老師覺得，傾囊相授是在『養虎為患』，培養競爭者搶自己的市場，但我的想法完全不一樣，學生自己收病患，幫病人開刀，我都很高興，表示這世界上有更多病人能夠獲救。」

看著學生們在世界各地開枝散葉，憑藉「杜氏刀法」，獨當一面替患者開刀治療，讓杜元坤打從心底感到無比欣慰。

每當學生們與杜元坤分享，近期成功完成哪些手術，又如何將學習到的新術式加以應用，幫助患者復原，杜元坤聽完，總會追問一、兩句：「這樣不夠，還有沒有什麼新方法？」「這都是我教你的，沒什麼了不起，你有沒有想到還可以如何改良？」

杜元坤希望學生不要只是追隨自己的腳步，而是另闢蹊徑，突破「杜元坤障礙」，自創術式。他不是口頭說說而已，「我期待學生能跟上我的腳步，更要他們能超越我，比我更強。」要學習「在垃圾裡面找黃金」，投入別人不願意學的、越困難的手術，才有機會發現「新大陸」，帶來醫學創新革命的可能。

過去的杜元坤和別人比，現在的他只和明天的自己比，對於成功的定義也有新領悟，「成功不在贏過多少人，而是幫過多少人。」他坦言，每個人的人生起跑點皆不同，有些人天生就不得不面臨貧窮、經濟弱勢，或是身體上的障礙，但他認為，要「贏在人生轉折點」，不要輕言放棄。

在醫療傳承這條路上，杜元坤從不怕自己被超越，更願意將舞台留給後進，幫助學生邁向顛峰，貫徹「破風手」精神。「這一生，我最想扮演的角色就是眾多患者、學生或是球員人生的轉折點及破風手，等我百年後，只要一百人中有一個人還記得我，足矣！」杜元坤堅定的說。

第15章——倒貼年薪也要及時行善

高調善事是要讓人知道，我要影響大家，跟著我一起及時行善。

「做好事就像刮鬍子，要天天做、很自然成為習慣，久沒刮鬍子就會面目可憎。」杜元坤說。四年前，當他現身媒體前，瘦了一大圈的身形令人意外，同時斗大的媒體標題，瞬間洗版。

「義大院長杜元坤三十年捐上億，病後宣布遺產全捐公益」

「曾獲醫療貢獻獎杜元坤宣布遺產將全捐公益」

「名醫杜元坤病後瘦二十二公斤遺產全捐不留子」

「三十年捐逾一億！義大醫院院長杜元坤大病初癒：遺產全捐」

……

一般人大病過後，往往想的是及時行樂，「我當年在美國學習的手外科教授，在發現腹腔腫瘤，經過積極治療好後，第一件事就是去學開飛機、買了一架飛機，他說自己要盡可能的活，以前沒做到的事都要去做。但是對我而言，在生病的時候才知道有多少人需要我，所以我要更『及時行善』。」

以前什麼事情都衝到底，反正只要開很多刀、就可以賺錢幫助很多人；但是杜元坤開始擔心，如果他生病了，或者有一天走了，是不是有人會無以為繼？所以，他想著如何能讓行善更加細水長流，答案就是有「組織化的行善」。

高調行善，是為了拋磚引玉

首先，是「為善欲人知」。

常言道：為善「不」欲人知，默默做好事就對了，「起初我也這麼想，所以捐半薪二、三十年都沒人知道。直到幾年前因為記者採訪，我拿出抽屜裡的一大疊收據，大家才嚇一跳，怎麼有人已經捐了這麼多錢。」

從弱勢患者到清寒家庭，從醫院社服、醫學研究，再到橄欖球員運動基金，打開杜元坤的辦公桌抽屜，滿滿一疊又一疊的捐款收據，塞爆整個抽屜，每張捐款金額，少至數十萬，多至上千萬台幣。

算算從一九九一年，杜元坤升上長庚醫院主治醫師的第一個月開始，就捐出一半的薪水，即使期間揹負父親留下的債務整整十二年，但他仍不曾間斷，至今超過三十多年，捐著捐著就破億元了。

早年是由杜元坤的秘書每天看平面媒體報導，勾選出哪些人需要幫助，就直接捐款。「但是，這些錢捐出去後到底怎麼用？有沒有用在需要的人身上也不得而知。」他坦言，當初真的是「傻傻的捐」。還有些是在診間，只要經濟有困難的弱勢家庭，他就直接送「紅包」，更是不計其數。

曾有位年輕媽媽因出車禍導致癱瘓，被老母親推進診間來拜託杜元坤開刀，一旁還牽著一個還沒上學的小孩。一家三口的衣物樸素老舊，善於觀察的杜元坤想著，對方或許經濟並不寬裕，聊了幾句印證後，他告訴那位年輕媽媽：「我會幫你做全健保手術，用最好的自費醫材，不用擔心手術費，我來出。」

以全身癱瘓病人為例，全身神經重建手術治療費用最少得需花費五、六十萬元，但杜元坤仍二話不說就自掏腰包。

也有一位未婚長者，身邊只有一位養女照料，到了診間直接向杜元坤坦白：「我真的沒那麼多錢可以動手術。」考量養女一人的經濟能力有限、加上日後的照護需求，恐怕無法負擔現下的高額手術費，杜元坤也是直接幫對方付了數十萬的醫療費。

這些案例不勝枚舉，真正需要幫助的人不少，但也有病人拿著這筆「營養金」去賭博被抓到……所以，杜元坤現在常思考，要如何散播慈善的種子、持續發芽，讓更多人共襄盛舉？

於是杜元坤在參與「澎湖惠民醫院」重建募款活動時，不僅當場霸氣捐出兩百萬元，也公布捐出遺產新聞。雖不免有人傳出沽名釣譽的言詞，但他不為所動，依然堅持自己的作法。

面對外界質疑為何要高調行善？杜元坤說，他希望善行被看見，帶動更多人加入行善行列，讓善的影響力無限放大。除了自己捐款，更要善用自己身為公眾人物的號召力「拋磚引玉」，讓更多人起而效尤。此舉，確實達到了意外的效果。

因為在惠民醫院的善款中，有一筆「兩百萬零一元」，是來自杜元坤的病人也是友人，對方秀出捐款單據對他說：「我就是要比你捐的錢多。」對於這種良性競爭，杜元坤樂見其成，最好「多多益善」。

還有一位金融業高層主管，不是杜元坤患者、也不認識本尊，在看到報章雜誌寫道「杜元坤十年不間斷守護十萬澎湖居民」的故事後大受感動，主動聯絡澎湖惠民醫院響應捐款行動，同時提撥部分薪水，固定向其他弱勢單位伸出援手，啟動善的循環。

找信得過的公益團體、持續去做

其次，是找信得過的慈善團體，一起投入公益行列。以慈善來說，杜元坤長期贊助家扶機構，每月固定扣款，甚至受邀成為代言人。

既然是組織化的行善，杜元坤強調，第三個重點就是要固定、長期去做，就像義診也是同樣的概念。

「我們團隊到澎湖義診，一去就是十年，每個月去，而且從本島到二、三級離島都照顧到。我自己更不是只去幾次，亮亮相博取美名，一定都是親力親為，同行的醫師也都是部長級、教授級。」從義診的服務量能、涵蓋面到看診品質都一一兼顧，「現在還會帶著澎湖公費生一起，手把手做給他們看，日後返鄉服務才會知道該怎麼做。」杜元坤想得深遠，日後這些公費生服務期滿要回義大，機會也都在。

「獨木撐大廈」那是多麼危險又不負責任的事！杜元坤自責，「過去認為什麼事情都可以自己做，就像是只滿足自己的『英雄感』而已，而這種英雄感就是行善的毒藥，是成就了自己，但接受我幫助的人怎麼想？」

他不斷自省，所以現在承認自己只是個「普通人」，要當大家搭「守護天使」，從定點到服務時間軸、擴大至整個離島醫療面都考量在內，帶著更多的醫護，更長久、持續讓這份公益的愛源遠流長。

甚至二〇二五年起，以「綠帶計畫」帶著義大前進屏東牡丹鄉，攜手牡丹鄉衛生所、恆春旅遊醫院等醫療院所，推動「全民健康保險屏東縣牡丹鄉醫療給付效益提升計畫」，讓觸角伸進原鄉。

病人間啟動善的循環與回饋

「我最希望的是，大家都可以一起助人，而不是嫉妒或質疑別人為何能有大愛去助人。」長達三十多年的行善之路，對於他沽名釣譽，或是為了逃漏稅的傳言沒少過……杜元坤坦言，起初聽到這種傳言，說沒有情緒很難，但憤怒是一種選擇，反駁是一種選擇，沉默也是一種選擇，而他選擇的方式是以繼續行善作為回擊，義無反顧的將行善種子播灑各地，如今這些種子也結出甜美的果實。

許多曾受杜元坤幫助的病人，自主發起「雙向回饋」。

有位藝術家病人，因為手臂神經受損，原本擅於書畫與攝影的他，無法像往常一樣盡情發揮所長。但經過杜元坤的治療後，病人找回行動力，更重拾畫筆與相機。為了感謝救「臂」之恩，這名病人總會出現在義大醫院各大活動場合，擔任志工攝影師，更以創新巧思協助杜元坤團隊設計出精美名片。

也有一位病人，在八年前遇上一場嚴重爆炸意外，導致神經損傷嚴重，當時被宣告無人可醫，杜元坤幫對方先接好神經，術後恢復良好，生活也能完全自理。為了報答救命之恩，這位病人將杜元坤登上媒體的每則報導，親自列印排版彙整成一系列的《杜元坤記事錄》，每次回診就拉著一台小拖車，把印刷精美的新刊物帶到診間，他要證明自己持續恢復中，而且過得更好。如今《杜元坤記事錄》整整齊齊，按照年月日擺放在院長辦公室桌上，累積超過十五本，持續連載中。

受到杜元坤慈善公益感召，病人之間互助的溫暖故事，不計其數。

曾有一位企業家在等候看診時，無意間聽見另一位經濟困窘的病人與家屬苦惱著住院費用沒著落，而在討論是否要接受治療而猶豫不決。這名企業家直接告訴對方，「我幫你付錢就好，儘管開刀住院，不用再讓院長操心。」原來這位企業家料想，如果這件事讓杜元坤知道，肯定又會自掏腰包，所以主動伸出援手。

也有一位住在雙人病房的病人，聽到隔壁床病人家屬提到湊不出十萬元治療費，儘管雙方互不相識，只是短暫「室友」，但他仍慷慨的替隔壁床的病人繳清醫療費。

英國前首相邱吉爾曾言：「我們靠獲取維持生存，但靠付出開創人生。」對杜元坤來說，快樂兩字是「給」出來的，「因為行樂惠一人，行善卻能惠眾生」。透過行善，給別人快樂的同時，杜元坤也得到內心真正的快樂，當付出越多，回饋的幸福感也越深，正因為無私付出，也造就杜元坤擁有「施比受更有福」的快樂人生。

獲獎越多，使命越重

近五年來，杜元坤陸續獲得「國際人道醫療奉獻獎」、「全國好人好事代表獎」、「港澳台灣慈善基金會華人愛心獎」、「台灣義行獎」、「史懷哲終生醫學奉獻獎」等獎項殊榮。尤其，二〇二一年的港澳台灣慈善基金會華人愛心獎，同列名人榜的還有慈濟證嚴法師，受到如此肯定，他覺得自身所負的使命更加重大。

四年前開始，他每年捐出的金額已經超過自己的年薪，甚至不惜拿出老本，也要繼續行善。身旁朋友常不解問道：「老杜，你瘋啦，為何辛苦大半輩子、救人無數，卻從未想過要留一點錢給自己？」杜元坤總是笑笑回答：「錢放在我的銀行戶頭只是一串數字，多沒意思。如果能夠捐給需要的人，發揮錢的價值，看到別人開心的樣子，就是最好的回饋，也是最好的禮物！」

對杜元坤來說，行善需要意志堅定的「勇氣」，更需要「願意為此輸光所有積蓄及健康」的冒險精神。而這所謂的勇氣，不意味著沒有恐懼，而是在害怕中不顧一切，繼續前進。

第16章——持續澎湖義診，改寫醫病關係

我看的風景永遠都是病人的笑容。

十一月的澎湖，吹起呼呼的東北季風，街頭已經不見暑假期間熙來攘往的遊客。但週日的三軍總醫院澎湖分院大門敞開，明明是假日沒有門診，卻不時見到有人穿梭期間。走近二樓，只見滿滿候診室的人，或坐或站，他們在等的，就是每個月「一期一會」的杜元坤門診。

「離島狂醫」、「候鳥醫師」，都是上了《商業周刊》封面故事後，杜元坤的新封號，他帶領義大醫療團隊持續守護十萬澎湖偏鄉居民的故事，傳為美談，也為他和義大團隊獲得衛福部頒發「二等衛生福利專業獎章」。

「候鳥的甜蜜在於牠的固定性，牠的鍥而不捨，永遠會有一個leader（領袖）帶著成群

候鳥飛往一定的方向、一定的地方。」杜元坤說，自從義大醫院援助澎湖醫療，每年為澎湖縣政府省下六千萬至八千萬元機票補助款，也替澎湖病人每年省下兩、三千萬元交通費，讓在地居民安心看病，再也不必「趕飛機」。

從此，「離島狂醫」成了杜元坤的個人IP。義大醫院自二〇一七年參與「全民健康保險澎湖縣離島地區醫療給付效益提升計畫」(Integrated Delivery System，簡稱IDS計畫)以來，這位狂醫卻明顯「變」了，衣帶漸寬取代圓潤身形，唯一「不變」的，是他對澎湖居民的承諾。

用十年守護離島十萬人

義大醫院與澎湖結緣，始自二〇〇七年，當時還是副院長的杜元坤，與擔任社區醫療部高級專員的蕭隆城帶隊初到吉貝，「起初規模不大，就是一年一次。」當時只是因為義聯創辦人林義守與「十元阿嬤」的兒子莊吉雄是事業夥伴，而身為澎湖旅台同鄉會臺灣總會總會長的他應邀而至。蕭隆城說，當時大家還不知道阿嬤莊朱玉女的故事。

沒想到，一個五年、兩個五年，杜元坤這位「候鳥」醫師，投入澎湖義診整整滿十年，除非颱風，班機停飛，他未曾缺席每個月的義診，總是依約而至，他說：「因為我不是『去』澎湖，是『回』澎湖，那裡已經是我的第二個故鄉。」

這位「守護澎湖十萬人」的離島狂醫，對澎湖病人的好，更甚於家人。舉例來說，每年四月最大型的「巡迴跳島義診」，三天兩夜得出動四、五十人。而義大醫院「澎湖ＩＤＳ計畫工作小組」的投入與規模，也遠甚於其他醫院的好幾倍，不僅將專科醫師與護理人員「外送」到吉貝、將軍、花嶼等澎湖二、三級離島，直接在澎湖當地長期輪流駐點，並協助居民就醫相關事宜，還有衛教保健等等。也不遑多讓。「我們是用全力扶植澎湖醫療。」義大醫院副院長林俊農說。

「我來澎湖，在醫療上是一個使命，不是責任。」杜元坤在這裡深刻體會到設身處地幫病人想的感覺，而且要顧及的層面特別多，必須在有限的醫療設備中，進行診斷、給藥，還得觀察對方經濟狀況，設想好後續的病況追蹤等等。

即使台灣同樣四面環海，但多數人仍難體會「住在離島」是怎樣的光景。個案管理師郝慧嫻是澎湖人，成為義大打頭陣的急先鋒，她童年曾住過澎湖本島，所以被派駐到位於本島西南方、船程約二十分鐘的桶盤嶼時，也很吃驚。因為全島包括居民、警察、消防人員再加上她，只有十六個人，島上沒有雜貨店，水龍頭流出來的水一片濁黃，不敢直接拿來洗臉、洗澡，島上沒供電，想泡杯熱飲暖暖胃、吃碗泡麵充饑都無法。

澎湖共由九十座大小島嶼組成，有人居住的二、三級島嶼有十九座，如果小島上有病人需要急救，必須搭乘交通船，將患者後送至本島的馬公再送至醫院，駐點醫護人員除了得負責與消防隊對接，還得一路隨時關注病患狀況，一邊安撫焦急的家屬，幫助病人安全送達醫院搶救。

無論是在地長者拿慢性病藥，還是居民半夜突發急診；小至跌打損傷的傷口處理，大至緊急搶救的後送，都是駐點在衛生所的義大醫護人員職責範圍，對澎湖二、三級離島當地居民而言，穿著義大醫院紫色制服的醫護，是他們最信賴的健康守護者，也是無話不談的「家人」。

「我抓了很多奇奇怪怪的病人回來開刀，他們沒錢沒有關係，包括機票、船票，醫療費用我都幫忙付，好幾次都是派個案管理師親自去帶病人回來，之後再護送病人回去。」杜元坤傾其所有對澎湖好、對家人好，好到連當地里長都覺得「這個院長瘋了」。

曾有個澎湖小病童來看診，杜元坤見狀，發現是傳染力強的疥瘡，於是問了小病童住哪，便帶隊坐船到白沙，不畏被感染的風險，全員捲起衣袖，化身家庭清掃員，把小病童家裡的被單、枕頭、棉被等帶有疥蟲的生活用品，通通清理一遍。

獲悉建院超過六十六年的惠民醫院老舊不堪使用，杜元坤慷慨捐贈兩百萬元。發現澎湖最西端的花嶼，行動不便長者看診搭的是「人力三輪車」，他自掏腰包兩百萬元購置兩台健康救護車，送給島上約一百二十位長者與行動不便民眾使用。

多年下來，義大醫療團隊透過ＩＤＳ計畫，大大提升澎湖離島醫療，近年來，積極推動醫療在地化、ＡＩ智慧醫療，深化菊島醫療服務。甚至做的遠比計畫本身更多，像是達成台灣二〇二五年根除Ｃ肝目標，攜手澎湖縣衛生局，進行澎湖二、三級離島消除Ｃ肝計畫，已經幫助近三千多位在地居民進行篩檢，協助確診Ｃ肝的三十名居民接受治療。

給澎湖人一條龍的醫療服務

「澎湖通」的郝慧嫻，如今回到高雄義大醫院任職，同樣負責澎湖相關事務，遇到有澎湖鄉親要到高雄開刀，都由她一手打理。從二〇一七年至二二年就長駐澎湖的她指出，「早年如果哪個離島缺人，我就自己跳島去上班，現在義大醫院已經有二十個人力在澎湖。我們的作法不像有些參與IDS計畫的醫院，是給錢讓在地人自己聘用人員，我們都是自己（義大）的人。跟著澎湖人住在一起、工作在一起，這樣才能深入了解當地狀況。」

提起IDS計畫實行至今，郝慧嫻表示，對澎湖最大的好處就是提供的醫療支援更廣、更多，就像是一條龍的醫療服務，開完刀的人回到澎湖後，會有負責IDS計畫的學妹負責追蹤。這些病人回家後有任何狀況或是回饋，也會有人告知，或者建議可以在島上衛生所處置。

澎湖的「資深資優生」歐大哥，便是深刻體會到IDS計畫的見證者。「其實我拿長期處方箋就可以了，但是這麼多年來，我和院長既是好朋友，也像家人。以前要去高雄回診，後來院長每個月到澎湖駐診，他總是細心提醒我，要來讓他看看才會放心。所以院長每次的澎湖駐診，我一定會到。」

開遊艇維生的歐大哥來自澎湖湖西鄉，十二年前因為一場車禍，導致左手臂神經叢斷裂。他形容，手臂受傷後就如同脫臼般，手部筋路就像鬆弛的橡皮筋，完全使不上力，每到晚上睡覺，神經就不斷頻頻抽痛，痛到無法入眠，只好喝高粱麻痺自己。

「一開始聽到『臂神經叢』受傷也不懂，想說是什麼『蟲』？難怪讓我的神經抽痛。」當時求助無門的他，從澎湖三總到跑遍台灣北部、中部醫院，只要有人推薦他就去，甚至到國術館給人接骨，但病況始終沒有起色。還沒五十歲的他，本以為人生下半場，只能靠忍受病痛折磨度過。

各地求診期間，歐大哥偶然聽到「杜元坤」的名號與臂神經叢專業，透過各種關係才掛上號，就這樣折騰了八個多月，到義大時候，差點過了黃金期。前後共動了三次手術，每個月跑高雄，過了兩、三年後穩定了，才改成三個月的處方箋。之後，又因為IDS計畫啟動，再也不用再搭飛機到高雄回診。

歐大哥說，手術後自己可是拚了老命的復健，從手無縛「機」（手機）之力，如今不但可以做出基本抓握動作，手臂還能伸直，幫忙抬點比較不重的東西，雖然無法再當回「船長」，但是生活自理綽綽有餘，能夠轉行當導覽員就已經相當滿足。

其實，這些都是杜氏刀法厲害之處，杜元坤比手畫腳解釋著，歐大哥的手術包含幾個特色，首先對側第七對神經，其次是腳部的神經與肌肉移植，第三個就是呼吸神經移植，第四則是頸椎可以傳導到原本已經失去功能的健側頸七神經，最重要是最後一個招數讓病人的手臂可以伸直！

杜元坤不厭其煩說明，剛接完神經，手部肌肉很細，因為肌肉要三年至三年半訓練，才會長出新的，手術完三年半到五年彎沒問題，可是伸不直，所以多做了一次手術，利用內神經繞道讓他的手可以伸直。

對於這位謹遵醫囑、努力復健的模範生，杜元坤深表感動，「一般做臂神經叢的醫師不知道怎麼讓病人的手可以伸直，大部分做到讓他的手可以彎就很了不起，但是我的病人還可以伸直手臂，所以有日本的教授看到稱這是『世界奇蹟』。」

「如果沒有遇到院長，真不知道現在的生活會變成什麼樣，他真的是我的『再造菩薩』。」歐大哥感恩的，還有杜元坤為他母親動了三次刀。當時八十多歲的歐媽媽，看到兒子的成功手術，對杜元坤信任有加，還到高雄去換關節，除了左右腳，後來脊椎有出問題也是找上杜元坤。術後恢復良好，還可以自己騎著腳踏車到處逛。

模範生病人變成病友啦啦隊

「我很幸運，在高雄開完刀後一個月，院長就開始固定每個月飛到澎湖義診，讓我們方便追蹤回診，省下大筆交通費。」今年二十九歲的永達，是杜元坤口中的「澎湖資優生」，也是在IDS計畫啟動後的受惠者之一。

至今六年多，每個月的回診可是永達家的大事。陪診的永達爸爸、媽媽都是澎湖人，但是永達爸爸並沒有討海維生，十八歲就進台電當公務員，前些年被調派到馬祖，如今每個月定期回澎湖，就是為了「陪兒子去看院長」。只要一家三口出現，診間就會傳出歡樂笑語，還有分享給醫護的零食補給，就像是到朋友家的氛圍，完全不像是「去看診」。

「院長以前看起來很兇，加上身材比較高壯，要進去診間前，護理師就一直提醒我們，不要插話、電話要關靜音，如果有問題等他問再回答。」永達爸爸笑著回答當初與名醫杜元坤的初見面場景，他說，但是現在相處久了，發現院長很仁慈啦！

就像杜元坤的多數病人，永達也是因為一場摩托車意外改變了人生。就讀大學三年級的永達，那天騎著摩托車出門，卻因為豔陽高曬一時閃神，連人帶車撞上路邊行道樹，等到他恢復意識，已經在被緊急送往醫院的救護車上。

車禍撞擊導致永達的右手堆積血塊，腫脹嚴重，在醫院照了電腦斷層（CT），但不容易辨識，更沒發現他的右手神經已被扯斷。出院後，即使聽從醫生指示積極復健，但永達的手依舊沒有知覺，以往再簡單不過的擠牙膏、洗臉、扣釦子等動作，受傷後全部成為艱難任務，就連吃飯、洗澡都得想辦法重新適應調整。永達相當沮喪也自責，但他不斷告訴自己，「未來還有很長的路要走，絕對不能輕言放棄。」

於是又經過進一步詳細檢查，這次，永達得到「臂神經叢受傷」的答案。親友們紛紛上網搜尋，查到位在高雄義大醫院的杜元坤是全球臂神經叢權威，於是再次費了好大一番功夫，終於掛到門診。

所幸，永達還未錯過手術治療黃金期。在車禍後三個月，杜元坤幫永達進行手術，歷經兩次長達十多小時的手術，身上留下的刀疤從左手經過鎖骨下方，再一路到右手，只是再怎麼長的刀疤，都不如復健之路來得痛苦漫長。

「手術完一年，手還是沒辦法有太大的進步，當下真的打擊很大。」永達分享，由於受傷的是慣用手，在基本生活的種種行動都面臨不小挑戰，只是一兩個月後也就慢慢習慣。

「有一陣子他（永達）很自責，帶給家裡這麼大影響。如果說沒影響是騙人的，但是我告訴他，跟真正的身障人士相比，他只是把慣用的右手換左手，這算是小case。」樂觀的永達爸爸，總是這樣鼓勵兒子，「杜院長再怎麼厲害，就是幫你把基礎都弄好，你一定要靠自己，外人怎麼幫忙都有限；你如果放棄自己，就沒有人可以救你了。」

在家人的陪伴與朋友的鼓勵下，永達漸漸走出受傷陰霾，努力按表操課復健，就連和家人坐在客廳看電視打發時間，他的手也沒閒著，甚至還當起「發明家」，為自己設計超過二十款復健器材，幫助自己進行手部復健訓練。「每一款在美國、日本網站上買，都要一千美金，但是他自己改造可能只要一千元台幣。」杜元坤言語之間滿是對永達的稱讚與驕傲。如今永達的右手手肘能動，手臂也能伸直，還能騎著改裝的電動車去上班。

「病人如果做完手術沒有復健，就等於零分。」杜元坤說，奇蹟不是單靠醫師手術就能發生，更多得靠病人術後堅持不懈的復健。所以每當有病人術後恢復效果不盡理想時，「很多病人都把永達當成目標，看到他的成功案例，慢慢建立起信心。」

永達一家的故事還沒結束，他們當起杜元坤其他病友的啦啦隊。「有一位住在台灣北部的澎湖人跟我的狀況一樣，我會拍自己復健影片給對方看可以怎麼做，我們都會私訊聊怎麼做更好。」訪談中總是笑瞇瞇的永達說，甚至連他爸爸也會跟對方的家長「互通有無」，彼此鼓勵。

在澎湖找到當醫師的初心

自認澎湖就是「胸前的臂章」，視澎湖為第二個家，每到義診的日子，杜元坤難掩興奮，迫不及待「回」到澎湖。

這些年，杜元坤歷經多次大病，整個人瘦一大圈，等著看診的澎湖在地居民，總是擔心他吃得不夠，特地帶來在地美食和漁獲當謝禮，更有熱情的病人直接在家煮好海鮮羹，熱騰騰的端來幫他補身體；若是看診時間延遲，聽到院長還沒吃飯，也有人趕緊回家端來剛做好的炒飯給他充飢。

走過生死交關，杜元坤更想把握機會回饋「故鄉」，用心照顧澎湖居民健康，也在當地築起音樂夢，深耕澎湖基層音樂教育，走進演講廳演奏，走入教會演講，不只當一位守護健康的仁醫，也是啟發澎湖孩子心靈滋養的人生導師。

深耕澎湖十年，杜元坤憑著一股傻勁，投入偏鄉醫療，更致力翻轉離島教育。外人看他，像個「給予者」，傻傻付出，只有杜元坤知道，自己是最幸福的「受惠者」，這段善緣讓他獲得更多如家的溫暖，也讓他重拾當醫師的初心。

有個院長帶頭衝，團隊夥伴們也曾疲累，但是大家還是會打起精神，誠如他和醫療團隊分享並鼓勵的，「公司會匯錢到員工的銀行存摺，天經地義；我們照顧澎湖居民的健康存摺，有情有義；澎湖居民回報給我們的功德存摺，別具意義！」

第17章——推廣橄欖球，變身企業聯賽之父

享受犧牲、犧牲享受。

二〇二四年十二月，在台北田徑場周圍到小巨蛋旗海飄揚。期間參與台北馬拉松路跑的外國人看到還忍不住問：「那是誰？怎麼都是他的旗子？」

剛聽到同事轉述這個故事時，杜元坤忍不住大笑，「這件事在二〇二三年就發生過，因為第四、五屆的元坤盃比賽都在台北田徑場舉行，所以公司預做宣傳，從敦化北路、八德路口到南京東路的小巨蛋轉角，宣傳旗幟插好插滿。前年適逢選舉，還被誤以為是哪位候選人。」

「每次舉辦比賽，我都相當興奮，甚至比我這輩子開的第一台手術還要興奮，橄欖球也是我一生的志業，為了它，我可以不眠不休。」這場橄欖球造夢之旅，杜元坤樂在其中，

但一路走來格外艱辛。

台南橄欖球之父的啟發

橄欖球聖地「台南」的市立橄欖球場前有一座「拓克路」（tackle）塑像，傳神展現出橄欖球員擒抱倒地、接傳的團隊合作精神，栩栩如生，訴說著台南橄欖球運動的輝煌歷史。「台南橄欖球之父」黃茂卿紀念碑也在此。四年前，為了紀念黃茂卿百歲冥誕，三百名自十幾歲到八十多歲的橄欖球員齊聚一堂，共同為這座紀念碑揭碑，杜元坤就是其中之一。他尊黃茂卿為人生啟蒙導師，不論求學工作、服務社會，都以橄欖球「團隊合作、相信隊友、尊重對手、服從裁判」這四大信條為座右銘，「我一輩子都在追求他留給我們的橄欖球偉大夢想。」

杜元坤如此感念的黃茂卿，是他就讀的太平境幼稚園園長，更是帶領他進入橄欖球世界的第一人。

一九二二年出生的黃茂卿在日本求學期間，進入當地橄欖球名校同志社中學就讀，初次接觸到英式橄欖球運動，從此愛上這種活動。一九四七年自他親手縫製一顆橄欖球開始，啟蒙台南橄欖球風氣，自一九七六年至一九九一年更是拿下區運會橄欖球冠軍「十六連霸」，至今仍無其他縣市能夠破此紀錄。

第一場幼幼盃橄欖球賽

橄欖球是一項兼具「力」與「美」的運動，不只要有速度、耐力、肌力和爆發力，更要有體力、毅力、紀律和節奏力，也被視為是一種「紳士玩的老粗遊戲」（Rugby is a ruffian's game played by gentlemen.）。

杜元坤憶起，當年的園長黃茂卿不採用填鴨式教育，而是鼓勵幼童們上音樂課、學柔道等多元化發展，甚至親自教導學生們打橄欖球。

「至今我還記得，那天的天空很藍、陽光很刺眼，我們這一群孩子就穿著柔道服，一行人浩浩蕩蕩走到比賽現場，雖然很遙遠，但年幼的我被任命為小隊長，感覺很『跩』，頗為自豪。」

那天的校外教學活動，黃茂卿帶上幼兒園所有孩子，漫步走到台南市的體育場，要讓他們觀賞並體驗當時全國最大的橄欖球運動賽事「秋茂盃」的盛況。

此外，黃茂卿更找了一塊空地，讓這群幼兒園孩子們打一場「幼幼班」的「秋茂盃」，分成兩隊人馬，一隊系上紅色腰帶，另一隊則是綁上白色腰帶，規則相當簡單，球只能往後傳，不能往前傳，只要看到持球的球員，對手方就可以想辦法將其撞倒搶球，就這樣你推我撞了一番，所有人都累壞了，但年紀還小的杜元坤卻樂在其中。

觀眾的歡呼聲感染了小杜元坤，「我當時一直在想，為什麼那些人（運動員）在運動場上打球，不僅有人看，還有人替他們拍手。說真的，我當時也不知道為什麼有人會拍手，但場邊此起彼落熱情的加油聲，會帶給人意想不到的成就感。從那時候起，我就很想學打橄欖球。」

學生時期最猛烈的牛頭

在台南士紳帶動下，早年臺南一中的橄欖球隊聞名全台，杜元坤也加入球隊，只是升高三那年，因學長們大學聯考成績慘不忍睹，為了讓學生們專心念書，不影響學業，當時的校長直接一聲令下「封鎖」橄欖球隊，從此橄欖球隊就這樣「被解散」。

直到考上北醫，杜元坤才與橄欖球再續前緣。他也意外發現，南北打法相當不同，「臺南一中橄欖球教練教我們，就是只有一個原則，無所不用其極把對手扳倒，都是靠體力蠻幹，到了台北才知道，打球重智取，用技巧取勝。」

吳麥斯解釋，「在橄欖球賽場上，每個位置都有固定的背號，所以球員不可互換，也無法相互取代，這是一個『沒有個人』的賽事運動。」以十五人制來說，就是十五個人共同為了一個隊友去爭取有利的位置，以身相許，而且球員可跑、跳、抓、撞、推、滾，也允許合法的衝撞。

因為杜元坤體型粗壯，再加上頑強、不輕易服輸的性格，負責擔綱「一號」前鋒，作為「鬥牛」(scrum）主角「牛頭」，負責一線衝撞及防守，每當搶到球時，對手蜂擁而上壓制他，杜元坤就會使出自己的「必殺技」。

「我會用頭去頂對手的胸骨，長期操練下來，脖子練得跟豬脖子一樣粗，他們被我這樣一鑽就沒力氣，也搶不到球，這就是我的絕招，每次跟我打球的人都受不了，大家都說，杜元坤打球怎麼這麼『兇猛』。」「杜氏打法」還有另一項核心要點，那就是「窮追不捨」。只要看到球在對手球員手上，杜元坤一定緊跟在後拚命追趕，直到對方跑不動為止。

杜元坤年輕時有一次在賽場，把搶到球的對手壓倒在地，使其動彈不得，但對方也不是省油的燈，為了掙脫，竟直接朝著杜元坤一口咬下。結果那之後，杜元坤不再追「球」改追「人」，他發起狠追著這位對手跑，要討回「那口公道」。

杜元坤大笑著說：「我那時發誓，這一口我一定要討回來，但對方真的是飛毛腿，最後還是沒能咬到，真可惜。」

提起北醫打球的耀眼日子，杜元坤與吳麥斯不約而同提起有場球賽落敗的幕後小故事。那次的主場就在杜元坤的家鄉台南，隊友們一起搭著火車南下，到了台南，好客的杜元坤父母大方招待，為了餵飽這群青春活力的運動男孩，直接宴請眾人到遠近馳名的「阿霞飯店」吃飯，大快朵頤。

前一晚吃飽喝足，到了隔天比賽，結果卻慘不忍睹，「我們輸球的原因是大家因為前一晚吃太飽，跑不動了。」吳麥斯說，如今想來也不禁好氣又好笑。

橄欖球老男孩的光榮勳章

杜元坤愛打橄欖球成痴，「我每天看門診、開刀、做研究都是為了病人，唯有打橄欖球時，我才能完完全全屬於自己。所以，行醫為病人，打球為自己！」

最瘋狂的時候，常常搭高鐵從高雄到台北，來回五小時，只為了打兩小時的球賽。還有，「我的頭骨骨折過，肋骨兩邊都斷過，左肩肱骨、左腳也都斷過。」小傷不計，只算大傷，杜元坤至少歷經過六次嚴重橄欖球運動傷害。

最嚴重的一次，他指著頭頂上的凹洞，是在與對手球員搶球的過程中，被撞倒在地，結果對方腳上的釘鞋硬生生插進他的頭上，導致腦震盪，頭骨壓迫性骨折，由於沒有開刀，在頭骨自然癒合後，傷處便略為下凹。當時杜元坤整個人昏了過去而被送往醫院，醒來時，杜元坤只問一句，「現在打到哪了？我還要上場！」

打橄欖球受傷成為家常便飯，杜元坤不以為苦，反而將自己身上的傷痕，視為光榮的

「動章」。

只是現在的杜元坤骨瘦如柴，還受得了那樣衝撞、馳騁球場，難道不怕被撞飛？他說，如果是跟年輕人打，還是衝勁十足，但他改打牛角的位置，也不會再像以前靠蠻力，因為夠資深所以越是懂得技巧，讓對方也占不了便宜。反而是在元坤盃比賽中，他在球場上表現就顯得小心翼翼，「因為如果我受傷了，沒人主持大局。」

讓隊友得分最快樂

「打橄欖球一定會跌倒，一定會痛，比賽雖有勝負，但沒有永遠的失敗者，只要再爬起來奮戰，就是永遠的勝利家。這就好比人生，沒有人一輩子是順順利利的，遭遇困境，唯有再站起來繼續面對挑戰，才能逆轉勝。」

求學時期的杜元坤，擔任一號前鋒牛頭的位置，主要是把球傳給後鋒隊友得分，整場比賽下來，鮮少有機會真正搶到球達陣。但是，「我打球最大的成就感和快樂，來自可以將對手撞倒，把球傳給隊友，看著自己的隊伍得分。」他強調，這是一種很不一樣的心態，作為團隊的一員，在激烈的競爭中，幫助你的團隊贏球，而不是只想自己，這就是橄欖球最大的魅力——發揮團隊合作精神。」

橄欖球界有一句名言：「我為人人，人人為我。」一個人即使實力再堅強，都無法獨自得分，唯有集結眾人的力量，才能成功達陣。就像在醫療現場，「醫師無法單打獨鬥，必須要與其他醫師、助手、護理人員和復健師整個團隊齊心協力，才可能救活病人。」

「享受犧牲、犧牲享受」的精神，映照在杜元坤的從醫人生，他總是甘之如飴的「犧牲享受」，開最困難的刀，當看見病患重獲新生時，又能苦盡甘來，「享受犧牲」。

如今酷愛橄欖球的杜元坤，不只單單享受打橄欖球的快樂，還「勇敢做大夢」，儘管知道在台灣推動橄欖球運動，比登天還難，但仍擘畫出理想的藍圖，希望傳承黃茂卿推動橄欖球運動。

在台灣，橄欖球屬於極冷門運動，且規則相對其他球類複雜，多數人未必真正看過一場橄欖球賽，沒有觀眾人潮，沒有錢潮商機，自然不容易發展為一個產業。

其次，橄欖球經常需要衝撞，運動傷害風險相對較高，常見的腦震盪、骨折等運動傷害，就讓很多父母與球員卻步，每一場比賽都可能是橄欖球運動員生涯中的最後一次出賽，不少運動員考量身體因素，一一離開球場。

缺錢、缺人，又沒職業化環境，橄欖球員無法在台灣真正成為一個「職業」，即使是代表台灣參與亞洲盃橄欖球錦標賽等國際賽事的選手，平時都有本業，只能「兼職」當國手。甚至許多青年橄欖球員完成大學學業，便會面臨「畢業即失業」的窘境，為了未來不得不向現實妥協，另尋出路。

隨著少子化與資源稀缺，國內不少橄欖球校隊皆因招生困難紛紛解散，伴隨杜元坤年少成長時光的臺南一中、北醫橄欖球隊，也難逃解散命運，沉寂多年。

第一步：打造「球員農場」

「別人說不行，我就去做」，明知山有虎，偏向虎山行。杜元坤深知，要深耕橄欖球運動，第一步：「人才」最重要，要讓父母安心，願意送孩子來打球，也要提供資源和環境，職涯有保障，年輕球員才會願意把「運動員」當成一生摯愛，不惜吃苦練球。球員在比賽時奮力拚搏，賽事表現精彩才有人看，球迷投入才會讓企業界看到商機加入，帶動整個產業發展循環。

杜元坤認為，這一切都需要「一條龍式」的運動員生涯發展規劃，才能走得長遠，於是決心打造一個「橄欖球員農場」。

身為臺南一中傑出校友，杜元坤從二〇二〇年起，協助校方進修部成立橄欖球隊，全力扶植橄欖球隊成為臺南一中校園特色，讓停辦超過三十年、曾叱吒全台的臺南一中橄欖球隊重現往日光榮。

如今臺南一中橄欖球隊有一大半球員都是原住民孩子，杜元坤全額贊助球隊學雜費、膳食費，以及學生每月生活費，如果孩子打球受傷就到義大就診，也由他個人全部買單。

負責臺南一中球隊、身兼元坤文創公司特助的魏靜兒指出，「有一段期間，球員宿舍重新整修，院長自掏腰包租下整棟公寓，讓球員們住宿舒適，生活無虞，可以專心練球。」

接著考慮到孩子的將來，杜元坤同步支持贊助臺北市立大學、臺北醫學大學兩支球隊，「當孩子從臺南一中畢業後，如果不走醫學，想要繼續朝運動發展，可以選擇到臺北市立大學，這家以運動賽事、體育球類的專門發展學校就讀，四年大學畢業之後，球員們可以參加元坤隊這支企業聯隊繼續打球，跟國內外各路好手場上競技切磋，延續球員生涯。」元坤運動文創公司執行長黃綺君說。

甚至為了擴大「橄欖球員農場」效應，二〇二三年十二月起，捐助國內二十八所中小學，各十萬元發展橄欖球基金，讓這項運動可以更往下扎根，杜元坤強調，「我的贊助一定持續下去，即使退休也不改變。」

第二步：創立元坤運動文創公司

自從投入台灣橄欖球運動推廣以來，年年入不敷出，外界看杜元坤苦苦支撐這項冷門運動的行為就像個「瘋子」，但他比任何人都認真。為了讓台灣橄欖球運動，能像職棒、職籃朝向企業化與職業化發展，二〇二二年起，杜元坤更攜手中華民國橄欖球協會，共同推動「台灣企業橄欖球聯賽」，開創台灣橄欖球界的新紀元。

同年，杜元坤多了一項新身分，創辦台灣第一個橄欖球企業聯賽新創公司「元坤運動文創」，以企業化經營與組織化運作模式，出資成立「台北元坤」企業聯隊，成為球員口中令人敬畏的總領隊。除了提供橄欖球員獎助學金及營養補給金留住人才，讓台灣橄欖球健兒有更大的發揮舞台，甚至幫助受傷球員免費開刀。

「這些球員就像是我自己的小孩，我可以叫出每個人的名字，他們的一輩子是我的責任，我要讓選手能在球隊可以安心打球，沒有後顧之憂，即便退役，也協助安排他們進入職場，擔任教練或是運動經紀人。」

在許多球員心中，「台北元坤隊」早已成為他們另一個家，杜元坤既是慈父，也是嚴師。當球隊在賽場上取得勝利，他毫不猶豫加碼獎金，慰勞全隊員的辛勞付出；然而，當球隊表現不佳，飲恨輸球，杜元坤也照樣板起臉，嚴肅訓人，恨鐵不成鋼。

「院長總是給予球員無微不至的協助和照顧，更讓我看見未來的希望。」效力於「台北元坤隊」、背號二十三號的先發前鋒球員張育誠，大學時期曾參與臺北市立大學橄欖球隊，就讀大三時，因父親生病過世，因此必須白天上課、晚上打工幫母親扛起家計。原本打算大學畢業後，就此放棄打橄欖球，找一份正職工作養家餬口。

得知張育誠的處境後，杜元坤提供獎學金，幫助他繼續升學攻讀研究所，同時延攬他進入「台北元坤隊」，延續運動員生涯。

第三步：辦「元坤盃」把國際球員拉近來

除了用心培育球員，杜元坤更發下宏願，引領球隊積極走向世界舞台，前三年，「元坤盃」還在試水溫，國內幾支球隊打來打去不夠過癮。第四年開始，「元坤盃」有了新的改變，意外激起國內橄欖球界一陣漣漪。首度邀請新加坡南洋理工大學、日本拓殖大學與關西大學來台參賽，選手們得以與國外球隊切磋球技，激發球員成長的新動能。

二〇二四年，台北元坤隊網羅畢業於日本名校關西大學的日籍好手雨谷陸椰，引進首名外籍球員，成為台灣企業聯賽中，首支聘請外國選手的隊伍，同時彰顯球隊邁向國際化的決心。

當「元坤盃」賽事在國際上漸漸被看見，杜元坤把大專國際友誼賽經驗向下深根，身為「台南市杜元坤橄欖球運動發展協會」理事長的他，攜手台南市政府體育局，共同舉辦

「國際青年七人制橄欖球邀請賽」。

除了全台九所國內高中橄欖球校隊齊聚，更邀請到來自日北石川縣的鶴來高校，以及韓國木浦市的天安五城高中兩支國際隊伍，促成台、日、韓同場熱血競技。

只是比賽前夕，二〇二四年元旦，日本石川縣發生規模七．六強震，災情慘重，日本隊恐無法來台交流。於是杜元坤再次出手，包辦鶴來高校在台賽事所有食宿交通及往返機票費用，他用運動賽事來安撫、溫暖這些災區的球員，也深化台日運動交流。

元坤運動文創公司創辦至今，仍未轉虧為盈，如何在行善與營利之間取得平衡是目前最大挑戰。此外，如此冷門運動，靠杜元坤一己之力非長久之計，想要讓其他企業共襄盛舉，遭遇不少阻礙和質疑聲浪。

即使如此，元坤運動文創團隊成員們反而發揮巧思，透過與網路體育頻道合作直播賽事，將橄欖球比賽現場帶到觀眾面前，提高國人對橄欖球的關注度，也積極經營社群媒體，走訪各校球隊深入採訪，以影像記錄訴說參賽隊伍的精彩故事，讓橄欖球議題走進常民生活。此外，更串聯政府、企業、校際之間資源共享，促使台灣橄欖球運動深化國際交流，激發新火花，引領台灣橄欖球界走向共好。

橄欖球造夢之路咬牙走下去

過去一點一滴投入，慢慢激起漣漪，「如今元坤運動文創這一家公司，開始帶給這個產業一點點刺激」，黃綺君說，包括針對參賽隊伍、球員社群宣傳行銷，中華民國橄欖球協會也跟著開始做，有學校教練打聽如何引薦聯繫日本天理大學等，這些都有助於台灣橄欖球運動正面發展。

隨著「元坤盃」辦出好口碑，第五屆「元坤盃」賽事，國際化規模持續擴大，外國隊參與數也增至七隊，來自日本的關西大學、拓殖大學以及新加坡理工大學三隊連續兩年持續響應，新隊伍日本天理大學、名古屋大學、韓國首爾大學以及新加坡管理大學等，來台共襄盛舉。

雖然日本拓殖大學完成公開組衛冕，但是臺大隊努力拿下元坤盃一般組三連霸，將獎杯留在台灣，誠如臺大隊隊長林頎衡在賽後留下開心眼淚所說：「打得好累，但贏球的感覺好爽。」

這次元坤盃最令人意外的是，驚動日本橄欖球運動媒體《Just RUGBY》特別飛抵台灣進行採訪，更以「橄欖球界的狂醫（Crazy Dotor）」來形容杜元坤。「當別人在休息時，我們已經在努力，當別人試圖追上我們時，我們已經朝下一個夢想邁進。」二〇二五年，杜元坤更設立新目標，要將「元坤盃」推廣跨出亞洲，預計邀請紐西蘭、澳洲等頂級強國來台參賽，讓球員們體會不同的打法，互相切磋。

杜元坤不惜砸重金，拋磚引玉，實現「犧牲享受，享受犧牲」的真諦，不僅讓這個「橄欖球夢」變得真實，曾有媒體封他為台灣的「橄欖球企聯之父」，更是實至名歸。

第18章——眾樂樂，穿著白袍的音樂大師

當你改變一個人，就是改變一個世界。

「我最喜歡的音樂家是柴可夫斯基，他的音樂很悲壯，就像是在笑著唱悲劇給你聽；如果用人生來譬喻，德弗札克的音樂很貼近我的心境，在布拉格（現捷克首都）出生的他歷經滄桑，五十歲左右帶著全家到美國展開人生下半場的新世界之旅，卻一直沒有忘記自己的故鄉，透過音樂抒發完成《新世界》交響樂……」

一打開音樂話匣子，杜元坤眉飛色舞。在演講的場合，也會以「音樂與人生」作為註解，串成一場人生大戲，從出生時的《搖籃曲》、青春年華的《圓舞曲》、走進婚姻的《結婚進行曲》、面臨事業挑戰的《交響曲》、邁入老年的《回憶曲》，最後是走到人生盡頭的《安魂曲》。

從小練琴意外練出左右開弓

以一般外科醫師的手術年限與強度來說，杜元坤算是罕見。他有一雙強悍有力、敏銳靈巧的雙手，靈活掌握力道強弱與速度快慢，演奏出既複雜又細膩的小提琴樂曲，也能又快又穩縫合比髮絲還細的神經和血管。

「小時候練琴不甘不願，當醫師後才發現，拉小提琴其實和當外科醫師做手術如出一轍，除了手指必須相當靈活，同樣得注重細膩、重視細節，且要不厭其煩的苦練，才能達到高端的境界。」練琴拉琴幫了杜元坤一把，「快刀手」如魚得水，年過六旬寶刀未鏽。

從小就是以古典音樂作為起床號的他，在母親的薰陶下，三歲就開始練小提琴，也曾經師拜台灣小提琴之母李淑德，只是調皮的他總是坐不住，「李淑德老師至今都還記得，我是她教導的學生中，最調皮的一個。」

原來年紀還小又鬼靈精怪的杜元坤，因為學琴太無聊，又覺得自己技不如人，既然無心學習，竟然私下找李淑德「談判」，請老師別再逼他練琴，讓他在上課時間溜出去外面玩耍，直到下課時間前再回來，等父親接他回家。

當時李淑德非但沒有生氣，還答應杜元坤的提議。此後，只要杜元坤的父親載他一到老師家，杜元坤就下車，看著父親座車揚長而去後，便一溜煙跑出去，盡情在外逍遙玩樂。

這堂小提琴課是從下午三點到下午四點，杜元坤到外面玩了一陣子，總會走去老師家附近的一間雜貨店看時鐘，離下課時間剩五分鐘，才回去老師家。

本以為這樣的「逃課計畫」完美無缺。直到某天，杜元坤照樣跑出去玩，回雜貨店一瞧，三點半還早，便又溜去玩一會，第二趟再回來發現時鐘仍然指著三點半，這才驚覺不妙，看來是時鐘壞了。等他急急忙忙衝回老師家，一推開門就看見父親站在眼前，被抓包的他從此乖乖學習，不敢搞怪。

上了國中後，雖因課業繁重，杜元坤並沒有繼續固定上小提琴課，但琴藝仍未荒廢，時不時會以台南青少年管弦樂團成員的身分演出，就讀臺南一中時，杜元坤更曾榮獲全國小提琴比賽冠軍。只是在父母期待下，他還是走上學醫這條路。

就讀北醫後，如魚得水的他一邊打橄欖球，還自組北醫管弦樂團。白天參加完橄欖球比賽，賽後就趕緊換件衣服，下午直奔台北中山堂，搖身一變成為舞台上的小提琴家。

獨樂樂不如眾樂樂的他，更常帶同學吳麥斯、曾兆麟、鄭敏雄這群大男孩聽黑膠唱片、去中山堂欣賞音樂會，還不時分享柴可夫斯基、孟德爾頌、貝多芬等音樂大師的人生故事，可說是這群好哥兒們的古典樂「啟蒙老師」。

開刀手治病，音樂手療心

「練小提琴的過程很痛苦，但是當你上台表演時，不單單是自己，也讓大家都可以enjoy（享受）樂音帶來的喜悅，這就好比醫療一樣，我靠著折磨自己，精進醫術，把最好的成果帶給病人，看著他們恢復健康，我也感到很快樂。」

用音樂開啟的人生，卻與杜元坤的醫學人生巧妙相遇，他優遊其中，甚至將兩者巧妙融合。

一九九五年，杜元坤前往美國梅約醫學中心深造，意外得知自己的指導教授艾倫·畢夏除了是位知名的骨外科醫師，也是一位才華洋溢的音樂家，不僅擔任世界醫師管弦樂團成員，自一九七五年以來一直與羅切斯特交響樂團（Rochester Symphony Orchestra）合作。

遇到同好的杜元坤，也拿出自己的小提琴演奏給教授聽，兩人以樂會友，他更向指導教授提議，以「音樂家的手」（Musician's Hand）為主題，在梅約大廳進行一場結合醫療主題與音樂演奏的公開講座。

從蕭邦到舒曼，到帕格尼尼是否真的與魔鬼交易，才能演奏出如此樂音，這些知名音樂家「演奏的手」，都成為講座主題。期間還穿插各音樂家所創作的名曲，短短兩個小時別開生面、創意生動的精彩表演，轟動全場，創下梅約醫學中心有史以來，首次有白袍醫師在大廳舉辦音樂會的紀錄。

回到台灣後，杜元坤在義大醫院引進梅約醫學中心音樂饗宴的概念，發起「文化日」（Cultural Day）活動，「我們不是一個只為了醫學的科別，人要文化才能活下去。」所以每個月固定一天，邀請住院醫師、主治醫師等人，以音樂、運動等多元主題進行小型分享會，鼓勵年輕醫師在探討鑽研醫療之餘，也能多元培養文化嗜好。

而義大醫院一樓大廳的鋼琴，也會不時傳出樂音，甚至每年院慶時，杜元坤還會親自下場，和同仁們合奏、合唱，帶給病人不同的心靈饗宴。

這樣還不夠！身為手外科專家，杜元坤贈送小提琴給缺指症的病童，讓小病患透過拉奏小提琴找回自信，也能訓練手指靈活度，他引導孩子接觸音樂，愛上音樂，也找回自信笑容，不再因為自己的殘缺而自卑。

用音樂療癒的，還有自閉症鋼琴家李尚軒，杜元坤因緣際會聽到他的演奏後大受感動，便邀請對方定期來義大表演，一個彈琴，一個拉琴，雙人合奏。曾經李尚軒有一場有獨奏演出，李媽媽寄出邀請函後，擔心杜元坤公務繁忙而無法出席，沒想到當晚他就坐在觀眾席上，全場聆聽。

「一個人不可能改變全世界，可是當你改變一個人，就是改變一個世界，拯救了他。」杜元坤說。

啟動澎湖音樂人才培養計畫

杜元坤的暖心義舉，總是令人出乎意料；除了透過音樂療癒這些患者，因為長期深耕澎湖義診，就在澎湖縣長陳光復一次提議下，舉辦了近千人音樂會。

「當時縣長知道我會拉小提琴，我才想到在義大會定期舉辦音樂分享，原本只是想和病人分享，沒想到場子搞那麼大。甚至個管師還來提醒我，要有心理準備。」就這樣，杜元坤登上了澎湖演藝廳。

那是二〇二三年，杜元坤還特別準備小提琴、鋼琴、大提琴組成的三重奏演出曲目。鋼琴演奏是由義大醫院的演奏志工鍾慧鈴老師支援，負責演奏大提琴的李祐臣也曾是杜元坤的病人，因發生車禍導致脊椎嚴重受傷而不良於行，甚至被宣判終生失禁，但經過杜元坤為其進行臂神經叢重建及脊椎微創手術治療後，李祐臣已經重新站上舞台。因此，這也是一場他對杜元坤的「感恩音樂會」。

隔年十二月，「愛在澎湖．義心仁醫——杜元坤醫師感恩音樂會」再次隆重登場，陣容更加龐大，當地文澳擊樂飛魔力、澎湖室內合唱團、馬公國小音樂班、菊之音管弦樂團，以及澎湖縣青少年交響樂團全都參與演出。

能夠一次匯集澎湖在地的音樂團隊同時參與，背後是杜元坤對於在地音樂教育的支持與回饋。郝慧嫻憶及，「這些都是因為要舉辦音樂會時候，認識了在地學校、柯逸凡老師，接觸在地樂團後開始。」

像文澳國小，是全台唯一將打擊樂合奏課程，推廣至全校的特色小學。兩百年名學生共用樂器，頻繁使用加速耗損，打擊樂器種類繁多且價格昂貴，校方資源不足，汰換更新速度緩慢。杜元坤得知此事後，捐出贈上百萬的木琴、大鼓、音鼓等樂器給予文澳國小，期望為澎湖在地音樂教育，盡一分心力。

單純的起心動念，到了二〇二四年春天，文澳國小、馬公國中和馬公高中打擊樂團，大隊人馬來台參加全國學生音樂比賽「團體項目南區決賽」，杜元坤也慷慨贊助樂器租借經費，讓學生無後顧之憂。其中，馬公高中打擊樂團不負眾望獲得特優殊榮，沒想到，回澎湖前，老師帶著同學們搭著遊覽車，從嘉義直奔高雄義大醫院，在一樓大廳「快閃」表演，感謝「杜爺爺」多年來支持與贊助，帶給全院上下莫大驚喜。

同年九月，中秋佳節前夕，杜元坤現身馬公國小，加碼捐贈一台三角鋼琴，近二十把義大利製小、中、大提琴，還有一台電鋼琴。學生們特地寫了感謝卡片給「杜爺爺」，又寫又畫滿滿兩大張，看得杜元坤開心不已。

馬公國小校長王文瑞當場致詞表達感謝，因為馬公國小音樂班成立三十五年，許多樂器早已老舊，只是礙於經費有限，加上大型樂器價格昂貴，「感謝杜元坤院長的溫暖善舉，為澎湖基層的音樂專業教育注入一劑最有力的強心針。」

「離島在許多物質生活上或許不如城市，但是少了外在誘惑，孩子們反而更見純樸，甚至珍惜每份得來不易。」尤其當杜元坤看到孩子們唱著他最愛的《新世界》交響曲其中一段譜詞的〈念故鄉〉作為謝禮，一張張天真的笑容，對他來說就是最棒的禮物。

如今杜元坤透過成立「澎湖縣音樂專業人才培育獎助計畫」，希望推動音樂教育，提供想學音樂的澎湖子弟免費小提琴學習，幫助孩子實現音樂夢想，為菊島的未來播下音樂種子。

培養未來的音樂家，讓音樂教育向下扎根，杜元坤不遺餘力，對於已經蓄勢待發要站上世界舞台的音樂人才，他直接以個人的私藏行動支持。

出借名琴扶植台灣音樂家

走進杜元坤在家中建起的私人小提琴收藏室，整個牆面二十五把世界名琴，一一垂掛在琴櫃裡，或是躺在恆溫櫃中，好不壯觀。

這些名琴每一把都有身分證明，有幾把產自義大利北部歷史悠久的製琴重鎮克雷蒙納（Cremona），價值動輒百萬、甚至千萬元，名列世界百大名琴，堪稱小提琴界的布卡堤（Bugatti）、法拉利、愛馬仕、百達翡麗。

每一把琴的故事，他都如數家珍：擁有將近四百年製琴歷史的克雷蒙納，是提琴樂器的發源地，孕育出世界三大製琴工匠世家：阿瑪蒂（Amati）、瓜奈里（Guarneri）以及史特拉底瓦里（Stradivari）家族。義大利製琴盛世始於十六世紀中葉的製琴始祖阿瑪蒂，在他的兩位學生瓜奈里與史特拉底瓦里手中發揚光大，直至十八世紀中期達於顛峰，造就了克雷蒙納璀璨光輝的製琴工藝文化，也讓這座義大利倫巴底區域的北部小鎮，成為世界最負盛名的製琴重鎮。

出自於二次大戰後的義大利製琴名將安薩爾多．波吉（Ansaldo Poggi）、提琴巨匠里德羅．畢席亞克（Leandro Bisiach）、製琴大師漢尼拔．法尼奧拉（Annibale Fagnola），以及製琴之神朱塞佩．奧爾納替（Giuseppe Ornati）等名家之手的小提琴，皆在杜元坤的珍藏名單中。

即使再稀有珍貴、價值不斐的名琴，杜元坤最珍惜的仍是父親送給他的二十一歲禮物，一把普通的德國琴。一九八〇年代初期，當時台北市房價每坪還不到十萬元，但杜爸爸選中一把已有十年歷史的德國小提琴，砸下三十萬重金，全力支持兒子的大好「音」途。「爸爸的禮物，陪伴我四十多年，雖然這把琴的音色並不超群，卻是無價之寶。」

坐擁多把價值連城的小提琴，杜元坤並沒有關起門來獨自欣賞，反而敞開大門，投身音樂公益，將名琴與他人共享，只要有需要，經過評估後便出借給前往世界各地為國爭光、參與全球賽事的優秀小提琴音樂家，是造就台灣小提琴音樂之光的幕後推手。

「再好的小提琴，如果只是放在櫃子裡，終究只是一塊普通木頭；但是透過音樂家能賦予小提琴新生命，飄揚出美妙的琴音。」如同這些名琴的「知音」，杜元坤堅信，分享的力量能夠創造出更多可能。

改寫更多生命樂章的音樂大師

「Maestro」，意指音樂界的大師，而杜元坤對自己的期許不只如此，更希望自己不只是寫下自己生命樂章的「Maestro」，更希望幫助更多人，改寫自己生命樂章。

那他如何以最愛的音樂來形容自己人生呢？「年輕時候我最愛聽貝多芬第三號交響曲《英雄》，闡述他對拿破崙從崇拜到幻滅的過程，氣勢磅礡中卻隱藏著一點不安；慢慢的我開始教學生後，柴可夫斯基：第六號交響曲《悲愴》成為最愛，飽滿的情緒中卻有著最深美的悲歎。」

到了現在，杜元坤覺得像是捷克作曲家史麥塔納的《莫爾道河》（Vltava），以音樂描述這條貫穿捷克的河流，如何從源頭的涓涓小河到入海口的旅程。「那是一種萬流歸宗的感覺」，如同他的斜槓一生，如今慢慢匯聚。

第19章——斜槓團隊是最有力的後援

我每天都和團隊分享自己心裡的話，如同陽光總是不吝和地球萬物分享溫暖。

杜元坤從醫的前半生，總是習慣走一個人的路，不斷挑戰、突破極限，拚到讓人難以跟上他的車尾燈，但燦爛耀眼的聚光燈下，卻有令人難以言喻的孤獨背影。「身旁人來人往，卻沒有人駐足，擁有成就與得意，又該和誰分享？」這是杜元坤沉澱思考時，自問的一道題目。

大病之後，杜元坤不再是「一個人的武林」，他以身作則，讓身邊的夥伴跟在他身後，用生命影響生命。只是這位跨界無極限的領頭羊，也讓團隊成員開啟斜槓人生，長出了第二、第三專長。

一號夥伴：院長秘書陳俞佑

「我希望，院長能多愛自己一點。」

杜元坤的院長室秘書陳俞佑，義大醫院創辦多久，她就跟著這位老闆多久。但是提起成為院長秘書的機緣，她說其實是創院初期由院內統一分派，沒想到做著做著，從外科骨科部部長秘書一路成為院長秘書。

二十年來，杜元坤的吃穿用度、行程安排規劃，都由陳俞佑負責，甚至連杜元坤兒子的身高、體重，衣服、鞋子尺寸，她都倒背如流，就像杜元坤的「管家」。在她眼中，杜元坤看似高高在上，其實是一個「無聊」的人，吃喝穿用一概不在意，心思只花在病人身上，完全沒有個人生活可言。

陳俞佑透露，對飲食不要求的杜元坤，中午只要兩顆包子配豆漿可以吃一整年。某年霸王級寒流來襲，全台急凍，她主動幫杜元坤改換熱湯麵當午餐，沒想到杜元坤第一反應卻是詢問同仁：「奇怪，秘書今天是不是休假，為什麼準備的餐點不一樣？」讓她哭笑不得。

深受杜元坤信任的陳俞佑，被賦予「大掌櫃」重責。捐款捐到「無可救藥」的杜元坤，全靠陳俞佑把關，協助分析哪些貧苦病人、哪些弱勢團體「真正」需要幫助，「把慈善事業當股票投資一樣，做資產配置」，目前音樂、體育占最大宗固定捐贈項目，如果「杜氏捐款池」水位降低，即將告罄，她得立刻稟告老闆，補滿水位，不讓慈善美意中斷。

有時覺得自己雞婆得「像杜元坤的媽」，陳俞佑常忍不住「叨念」老闆，慈善事業若要長長久久，必須多多保重身體，規勸他「對自己好一點」，大多數時候杜元坤「有聽沒有到」。不過，近來她發現老闆偶爾會吃一頓法國大餐，懂得適時對自己好，陳俞佑衷心為他開心。

二號夥伴：第一助手徐德金

「如果杜院長的醫術沒有傳承下來，真的會是國家的損失。」

開刀房專責護理師徐德金是杜元坤手術第一助手，從林口長庚醫院時代一路跟隨到現在，兩人長達三十多年的合作默契與老交情，可說是最佳拍檔。

靦腆寡言的徐德金，原本在林口長庚醫院擔任院區警衛，一九九一年因開刀房人力不足，時任院長張昭雄讓完全毫無醫療基礎的院區警衛，接受三個月的訓練後成為開刀房生力軍，徐德金就是其中一員。之後徐德金更是努力進修，陸續得到醫療管理及護理系的學士學位。

「杜院長在醫院就像是一位將軍，很有威嚴也很會帶兵。他是我最重要的貴人，我現在的一身本領都是他教的。」徐德金熟稔杜元坤的開刀習慣，只要一個眼神、一個動作，就能心領神會，兩人默契極佳。不過，被罵最多、最兇的，往往也是徐德金，畢竟最親的人最耐罵，最能體會杜元坤「刀子口豆腐心」。

「杜院長捐的每一塊錢，真的都是一刀一刀開出來的。」杜元坤三十多年慈善公益的俠義之心，讓徐德金佩服得五體投地，也充滿不捨，因為他最知道這些都是多少的時間與健康換來的代價。

杜元坤最讓徐德金感動的，是兩個人剛下高雄期間，義大醫院還在籌備中，兩個人經常四處「打工」賺取生活費，而杜元坤總是先把費用交給他養家，對於這位「最佳拍檔」的關懷溢於言表。

總是在第一線見證杜氏刀法的奇蹟，徐德金也以身為第一助手為榮，更希望老闆保重身體，他自己也努力保持身強體健，才能繼續「拉勾」(編按：以器械撐開傷口讓手術視野清楚)，一起拯救更多的病人。

三號夥伴：骨科部主治醫師薛宇桓

「我希望有一天，病人願意不遠千里來找我，因為只有我能治好他的病，就像杜院長，這是我從醫一生追求的目標。」

走進杜元坤的院長辦公室，門後掛著一幅畫又像是照片，圖裡的杜元坤與薛宇桓正在進行神經顯微手術，上頭寫著一段話：「The teacher affects eternity.」(老師的影響即永恆)，道出多年來義大醫院骨科部主治醫師薛宇桓對恩師杜元坤的無盡感謝。

事實上，這幅畫確實是以一張照片臨摹而來，也是薛宇桓的「謝師禮」，他坦言，恩師不是一位太注重物質的人，當初要送什麼謝師真的傷透腦筋，後來才會想到這招。所幸，杜元坤大喜，直接把畫掛在辦公室。

薛宇桓是杜元坤小二十七屆的北醫學弟。十年前，因為女友聽到杜元坤的演講，向他推薦，而特別南下前往義大實習，第一天就被杜元坤震懾住，歷經三千多個日子鐵血試煉，終於得到真傳，是杜元坤認定的傳人、得意門生。如今，他也與當年的女友結婚，有了三個可愛小孩。

「我還記得當年第一次參加骨科晨會，院長的『精神喊話』，」薛宇桓難忘當時看著一位教授級大人物，卻保有一顆年輕的熱血初心，永遠走最難的路、挑戰最困難的手術，他受到感召，下定決心追隨到底。

杜元坤晨會不只講醫學專業，更多時間在講醫療人文素養，尤其是捐款發善心故事，受到感動的薛宇桓因此要效法老師，他笑說，卻被狠狠澆了一盆冷水，「因為老師要我先照顧好自己，才能照顧別人，也要先顧好家庭。」行善有很多方式，杜元坤要學生「不要學他」，得先顧好家庭，營造一個名利「雙顧」的人生。

最令薛宇桓尊敬的是，杜元坤念茲在茲，要學生超越他、比他強，不藏私傳授一身功夫，不遺餘力推學生站上國際舞台。薛宇桓感恩老師悉心教誨，感謝當年苦撐沒有打退堂鼓的自己，更自詡是個「傳道士」，要把「杜氏精神」傳揚下去。

四號夥伴：骨科部主治醫師梁峻銘

「老師教會我的，不只是醫療，還有經營。」

義大醫院骨科部主治醫師、重仁骨科醫院執行長梁峻銘，當年以三十七歲「高齡」，成為義大醫院史上最資深的住院醫師。杜元坤曾經協助他挽救瀕臨倒閉的家族事業，恩重如山，「醫療畢竟是人的事業，老師教會我的，不只是醫療，還有人生與經營。」對他而言，杜元坤不只是嚴師，更是慈父。

「我的學經歷比較特別，有中醫師、骨科醫師和復健師三張執照，所以才會當起資深實習生。每次跟老師見面、看病人的時候，都會瞬間腦內啡爆量，腎上腺素狂飆。」

梁峻銘回想第一次認識杜元坤時候的「衝擊之大」。因為他曾經擔任骨科物理治療師，通常有些症狀只要徒手治療做完就會有效，可是最困難的是神經，比如說臂神經叢、中風、癱瘓，在他還是物理治療師的時代，這些都被視為「絕症」。「想想看，我何其有幸可以看到，老師做完手術之後的病人還可以站起來，手可以動，甚至連中風有辦法做治療，尤其中風復健的那一塊，我從來沒想過有病人可以因此再站起來。」

除了保住學生的家族事業，杜元坤沒有放鬆打磨學生的醫術。「我如果現在沒把你教好，以後怎麼對得起你的病人，怎麼對得起你們家族的醫院。」梁峻銘如果在開刀房表現不好，杜元坤東西照摔照樣開罵，對他一視同仁，不因他家背景而差別待遇。

最重要是，「院長常叮囑我們這群學生，手術不分大刀、小刀，只有好刀，身為醫師就是要視病如親，把每一台刀做到最好，不愧對病人。我不管外面對院長有什麼誤會，他永遠是我的恩師。」雖然被嚴格以待，但梁峻銘深知杜元坤的苦口婆心，所以只要得空，還是會跟著他到澎湖義診，義不容辭。

五號夥伴：個案管理師郝慧嫻

「能跟著既溫暖又可愛的院長一起工作，再累也值得。」

無論杜元坤平時在義大醫院看診，又或是前往澎湖義診，總能看見杜元坤最可靠的「左右手」、個管師郝慧嫻忙進忙出，安排打點一切，讓杜元坤看診、開刀、澎湖義診，高效順暢圓滿。

所謂「個案管理師」，就像是病人的「管家」，從病患手術時間安排、辦理住院、手術前中後衛教、復健諮詢等大小事，皆一手包辦。

早在杜元坤最初到義大擔任骨科主任時，郝慧嫻就是手術房跟刀主力之一，而後擔任個管師，她的主責範圍不僅限於台灣，澎湖居民也是她服務的對象。

出生澎湖的郝慧嫻，被杜元坤賦予重任，二〇一七年義大醫院澎湖「ＩＤＳ計畫」，她便是首批前往澎湖吉貝長期駐點的護理師，在澎湖一待快五年，一千多個離島數饅頭的日子，深耕在地，也吃盡苦頭。

駐島期間，郝慧嫻歷經許多的「高潮迭起」，她曾半夜坐著伸手就能夠摸到海水的舢板，從吉貝陪著病患到馬公急救，因為沒有回程船班可搭，一個人抱著衛生所的枕頭和棉被，凌晨四點身無分文在馬公大街閒晃等天亮；她也曾在家家戶戶團圓的過年期間駐守澎湖，因島上小吃部關門不營業，連續三、四天餐餐吃泡麵果腹。

郝慧嫻習慣騎機車在島上巡迴，看到病人會問候關心病況、家裡情況，當地居民早已將郝慧嫻視為在地的一分子，有次她擠不上船，居民們對船東大喊：「這個先！她是我們吉貝人！」不用等她開口，郝慧嫻靠一張臉就有「特權」。

調回義大醫院後，便由郝慧嫻主責澎湖義診的大小事安排。有次，因為熟識的教會問起，她還特別安排杜元坤到吉貝一所教會演講，小朋友圍坐在地，杜元坤也跟著席地而坐，分享自己小時候調皮故事。即使場地再小、沒有鎂光燈，卻全場笑聲不斷，還有孩子聽完拉著杜元坤問，下次什麼時候再來。

跟著強人老闆，吃飯不定時，休假不固定，日夜操勞，但是杜元坤的「義舉」總是令郝慧嫻和其他夥伴大為感動。看著身材削瘦卻停不下來的院長，她說：「希望他能好好吃飯，就坐下來半小時，細嚼慢嚥。」雖然她知道「院長做不到」，但仍是懷抱著這個微小的期待。

六號夥伴：急診醫學部護理長魏靜兒

「院長真的是一個永遠都挖不完的寶藏。」

義大醫院急診醫學部護理長魏靜兒，念書時是校隊短跑健將，在家人建議下「轉換跑道」。如今在義大急診室，她十足是個「八爪章魚」急救先鋒，個性犀利，說話直率，是全院唯一一個「敢」跟院長搶病床的人。

因為從小運動又熱血，更不怕扮黑臉，受到杜元坤賞識。這兩年，她多了一個與醫療八竿子打不著的頭銜——元坤運動文創公司董事長特別助理，跨界負責管理臺南一中橄欖球隊，以及臺南市杜元坤橄欖球運動發展協會相關事宜。

進入義大急診醫學部十六年來，魏靜兒從菜鳥護理師，升任護理長，期間看盡生死，人情冷暖，更加珍惜世間真心良善。一場COVID-19疫情來襲，杜元坤以身作則，不畏感染風險，坐鎮醫院，天天探望打氣急診團隊，深知急診護理人力短缺，杜元坤爭取加薪、加人，讓魏靜兒見識到「真正的領導，要勇於扛重任才能以德服人」，相當欽佩老闆卓越的領導力。

在魏靜兒眼中，杜元坤是一個很念舊、很重感情的人，他創辦元坤盃橄欖球賽、成立元坤企業隊、運動文創公司等，都是為了找回台南往日橄欖球的榮光，「他真的是一個很不可思議的人，怎麼會有人對橄欖球熱愛成這樣子，我覺得他的意志力很驚人。」但她也因此受到感召，即使醫院急診工作「一個人當三個人做」，仍答應協助臺南一中球隊管理重責。

現在魏靜兒常以董事長特助身分陪著杜元坤到處跑，找球員、聽演講，受到杜元坤的身教、言教感染，慢慢磨掉過往在急診的衝動與脾氣，開始會學著如何耐性與溝通，事緩則圓，能夠站在杜元坤這種巨人肩膀看世界，魏靜兒備感珍惜且感恩。

七號夥伴：專科護理師鍾惠敏

「院長是男版德蕾莎修女。」

每天清晨的巡房時間，杜元坤身後總是跟著一批堅強的陣容團隊，包括主治醫師、總醫師、個管師、復健師，以及專科護理師，浩浩蕩蕩的陣容，其中一位就是鍾惠敏。

以往，鍾惠敏的工作型態，多半圍繞在病房負責病人的第一線照顧，自從加入杜元坤團隊，必須同時兼顧病房與診間事務，當醫師查房時，記錄病人復健方式與所需用藥；在病房教導病人如何進行術後傷口照護、居家復健；在診間，當醫師下醫囑時，同步以專業英文術語記錄病歷。短短三年，快速累積豐富閱歷。

「院長是我遇過最棒的老師，循循善誘教導，幫助我一點一滴的進步，努力跟上他的腳步，在工作上達成完美配合。」笑稱自己是「真人版Siri」的鍾惠敏心中，杜元坤不僅是一位樂於提攜後進的領導者，更是一名以愛為原則的實踐家。

鍾惠敏透露，某次，有位病人特別送上十萬元紅包答謝杜元坤，但他分毫未取，還轉將這筆錢以對方的名義，全數捐給醫院社福基金會。到了病人下次回診時，親自將捐款感謝狀交給這名病人，令對方感動不已。

對鍾惠敏來說，杜元坤就是「現代男版德蕾莎修女」，他把小愛變大愛，影響身邊的人，讓善的力量越變越大，深深影響了她。

八號夥伴：元坤運動文創公司執行長黃綺君

「希望把橄欖球運動慢慢的國際化、增加可視度和能見度。」

元坤運動文創公司執行長黃綺君，原本任職於跨國企業，經常往返兩岸三地，因年輕時一場車禍，長年不耐腰椎長期隱隱作痛，利用COVID-19疫情國境封門期間，在運動員朋友介紹下，讓杜元坤手術治療，揮別宿疾。這場醫病關係的結緣，也讓黃綺君加入元坤運動文創公司，協助杜元坤推展橄欖球運動。

此前，黃綺君不識橄欖球為何物。受過多年國際企業工作訓練的她，坦言面對一個慈善家老闆，最大的困難就是「行善與營利的衝突」，如何去說服老闆。

這家公司的成立目的，是為了達成橄欖球運動的六個目標：基層化、普遍化、菁英化、企業化、國際化與職業化。黃綺君的第一步，先從吸引觀眾做起。主動聯絡海外隊伍來台交流；原本贈送的「紀念品」，也請專人設計橄欖球周邊小物增加營收；接著讓財務透明公開化，一項一項來。

摸索至今，黃綺君把這兩屆的台北元坤盃橄欖球賽辦得更加不一樣，規模一年比一年盛大。除了國際球隊的參與增加；也現場捐贈全國二十八所國小、中學橄欖球基金；她甚至親自下場當起攝影和記者，「我就在球場邊用手機採訪球員、介紹球隊，拍短影音，」這項大膽嘗試讓一個個球員像是明星一樣，而他們奮鬥不懈的正面故事也能廣泛流傳，創造話題。

另外，也透過電視轉播報導整場賽事，提高能見度和話題，甚至還有日本橄欖球雜誌特地派人來台採訪，一頁滿滿的報導，讓杜元坤與有榮焉。「我們是以嘉年華的心情來舉辦元坤盃，希望大家都能在球場上打球之餘，還能交朋友、技術交流。」黃綺君說。

雖然橄欖球在國內屬於極度冷門運動，但杜元坤沒有放棄培植年輕選手的希望，黃綺君更相信事在人為，堅持不放棄，就能看到希望。

第20章——傳承與教育是人生第一順位

功德伴傳奇，典範在夙昔。

二十一年磨一劍，義大醫院升格醫學中心的意義，不管是醫學或人生道路上，都對杜元坤個人別具意義。

只增不減的人生選項

大病前，杜元坤的人生優先順序，是救人（包括醫學與發明）、工作（職務所賦予的任務）、慈善公益（捐款與義診）、體育（打橄欖球）與音樂（拉小提琴與收藏的獨樂樂）。以上「杜氏選項」中，就是沒有「自己」。原以為現在的他，人生優先順序會有所調整，他認真說，有，就是在這五項前面加上傳承與教育。

至於其他的人生選項，慈善公益已經有更多身邊的病人與家屬用自己的方式投入；橄欖球賽事，更是從照顧球員到給舞台，帶動整個運動風氣開始，放眼亞洲逐漸加溫；至於音樂更是從自己的獨樂樂，到與澎湖小學串聯的音樂會，眾樂樂帶來的回饋，不只音樂本身，還有像下扎根的品格與教育種子。

不知老之將至，是埋首醫學與工作多年的他最大感慨，即使生病還想著要救人和工作的他，更加快「傳承」與「教育」的腳步，除了讓更多人知道他的故事、來學習他的醫學創新與發明，最重要是學習他的「精神」。

升格醫學中心，然後呢？

義大醫院位於過去高雄縣地區，不管在國際醫療認證、癌症與急重症照護能力和偏鄉離島服務上，都表現優異。論文研究在他的風氣帶領下，更是拔得頭籌，確實吸引不少醫師來此求道，卻只是為了學習技術與寫論文，以早點出名或升教授。但一談到慈善、提起義診，總有人興趣缺缺。

杜元坤期待的傳承與教育，不只是醫學，還有人生之道。所以他總是不厭其煩以自己為例，走過人生挫折與生死，不還是活得好好的。這部分的身教與分享，儘管他不遺餘力，卻仍須努力。

尤其台灣醫學環境惡化的當下，如何吸引人才、讓人才留下來？杜元坤深感責任更加重大，義大醫院升格醫學中心只是開始。

對院方來說，必須提升服（服務）、教（教學）、研（研究）的質與量，尤其他想創造一種人文價值，讓前來學習的人，能感受到一種朝聖的心情。「我們要比的是世界級的醫院評鑑，這塊台灣還很少醫院在做，不是只有JCI（Joint Commission International）國際醫院評鑑而已。」站上世界醫療舞台，是下一步。向來不跟別人較量，只跟明天的自己比較，杜元坤也這樣期勉自己所帶領的義大團隊，繼續向前衝刺。

不為名利，只要影響力

杜元坤相信，格調造就人的一生。

很多人將名利視為一生努力追求成功的目標，一旦名利雙收，身處高位，便選擇不再向前邁進。而杜元坤不被功名利祿所困，更視其如浮雲，不收病人紅包、不接受賄賂，還反而給病人紅包，即使擁有權力，他選擇善良；就算被誤解，他選擇寬容；即便遭到抹黑，他選擇不爭。

無論醫療、公益、教育、音樂，杜元坤專注自我實現，擴大社會影響力，不免招來批評、質疑或挫折，但他仍自我砥礪，做一位不被打倒的強者，堅守屬於自己的道路。

對杜元坤來說，人生旅程就如同搭上一輛生命列車，「成功」只是沿途風景，生命列車的每一站皆是成功的足跡。所以，下一個目標是什麼？他說，「每一個目標，都是下一個目標的墊腳石。」放大自己格局，不限制發展。

他延伸文天祥的詩作《正氣歌》中所述，「哲人日已遠，典型在夙昔。」以這十字箴言定義自己的人生——「功德伴傳奇，典範在夙昔」。

人生匆匆超過一甲子的歲月，杜元坤是位仁心仁術的名醫，更是濟弱扶貧的慈善家，但他總說：「跟著時代走，人才會進步，傳奇是動詞，而非名詞！」他要在專業上繼續發光發熱，做到最後一刻，只要身體健康允許，他希望能一直服務病人，在手術台上開刀到七十五歲。

即便有一天不再位處高位，褪去院長、教授、醫師等身分，杜元坤仍誓言持續行善，改造社會，讓善的循環不斷延續，讓傳說變傳奇。

請問，杜院長：昔日「世上最快樂的醫師」今何在？

即使自己親身受到病痛考驗，但我還是做著世上最快樂的工作，只是生病算是一個分水嶺，過去和現在的「快樂」有兩種不同的層次與境界。

以前的快樂是來自有能力過得很好，還能幫助別人。就像是幫助貧窮的人度過難關，生病的人可以遠離病痛，這種快樂是因為你有收入，有一定的身分、角色和地位去做，甚至可以教別人，帶給別人快樂和改變。

如今這種快樂提升到另外一種層次，就是「初心不退」；這是一種「堅持的快樂」，我從來沒有因為有人想讓我不快樂而不快樂。

舉例來說，就像是信仰一樣。大多數人都沒有真的看過耶穌、阿彌陀佛、觀世音菩薩本尊現身，但是，仍然很多信徒相信，這些神佛帶來的奇蹟與力量；這種快樂就是一種堅信，你因為信仰得到回饋，當然這不是說擺個功德箱的回饋，就是因為堅信「與神同行」，所以快樂。

我對於醫學、生命的信仰就是如此，都已經內化，所以外在的干擾雜音已經不會影響我太多，你有成就能幫助我，那樣很好；但是就算現在你帶給我挫折，也不會影響我的快樂，我可以決定自己的快樂。

初心不退——活出生命的影響力

作者	杜元坤
採訪撰文	吳佳晉
商周集團執行長	郭奕伶
商業周刊出版部	
總監	林雲
責任編輯	陳瑤蓉
封面設計	Javick Studio
內頁編排	張瑜卿
封面攝影	SYH image studio
出版發行	城邦文化事業股份有限公司　商業周刊
地址	115台北市南港區昆陽街16號6樓
	電話：（02）2505-6789　傳真：（02）2503-6399
讀者服務專線	（02）2510-8888
商周集團網站服務信箱	mailbox@bwnet.com.tw
劃撥帳號	50003033
戶名	英屬蓋曼群島商家庭傳媒股份有限公司城邦分公司
網站	www.businessweekly.com.tw
香港發行所	城邦（香港）出版集團有限公司
	香港九龍九龍城土瓜灣道86號順聯工業大廈6樓A室
	電話：（852）2508-6231　傳真：（852）2578-9337
	E-mail：hkcite@biznetvigator.com
製版印刷	中原造像股份有限公司
總經銷	聯合發行股份有限公司　電話：（02）2917-8022
初版1刷	2025年3月
初版5刷	2025年6月
定價	台幣420元
ISBN	978-626-7678-12-1（平裝）
EISBN	978-626-7678-14-5（PDF）／978-626-7678-13-8（EPUB）

國家圖書館出版品預行編目(CIP)資料

初心不退——活出生命的影響力／杜元坤作；吳佳晉採訪撰文
--初版 --臺北市：城邦文化事業股份有限公司商業周刊，2025.03
272面；14.8×21公分.
ISBN 978-626-7678-12-1（平裝）
1.CST：杜元坤　2.CST：醫師　3.CST：回憶錄
783.3886　　114002322

紅沙龍

Try not to become a man of success but rather to become a man of value.
~Albert Einstein (1879 - 1955)

毋須做成功之士，寧做有價值的人。 —— 科學家　亞伯·愛因斯坦